Bibliografische Information der Deutschen Nationalbibliothek:

Die Deutsche Bibliothek verzeichnet diese Publikation in der Deutschen National-
bibliografie; detaillierte bibliografische Daten sind im Internet über http://dnb.d-
nb.de/ abrufbar.

Impressum:

Copyright © 2016 GRIN Verlag, Open Publishing GmbH
Druck und Bindung: Books on Demand GmbH, Norderstedt Germany
ISBN: 9783668527232

Dieses Buch bei GRIN:

http://www.grin.com/de/e-book/370926/accelerators-fuer-agile-software-entwick-
lung-koennen-accelerators-zu-einer

Alex Pawlowski

Accelerators für Agile Software-Entwicklung. Können Accelerators zu einer Effizienzsteigerung in Projekten beitragen?

GRIN Verlag

GRIN - Your knowledge has value

Der GRIN Verlag publiziert seit 1998 wissenschaftliche Arbeiten von Studenten, Hochschullehrern und anderen Akademikern als eBook und gedrucktes Buch. Die Verlagswebsite www.grin.com ist die ideale Plattform zur Veröffentlichung von Hausarbeiten, Abschlussarbeiten, wissenschaftlichen Aufsätzen, Dissertationen und Fachbüchern.

Besuchen Sie uns im Internet:

http://www.grin.com/

http://www.facebook.com/grincom

http://www.twitter.com/grin_com

Praxisprojekt

„Accelerators für Agile Software-Entwicklung"

Vorgelegt an der Technischen Hochschule Köln
Campus Gummersbach, Fakultät 10

Ausgearbeitet von: Alex Pawlowski

Studiengang: Wirtschaftsinformatik

Abgabetermin: 04.01.2016

Inhaltsverzeichnis

Abbildungsverzeichnis

Abkürzungsverzeichnis

XP   Extreme Programming

ALM   Application Lifecycle Management

VCS   Version Control System

SCM   Software Configuration Management

1. Einleitung

1.1 Thematik

Die moderne Softwareentwicklung ist eine noch relativ junge Disziplin, die im Hinblick auf die Erfordernisse der Zielerreichung mit der Zeit immer weiter an dynamischeren Vorgehensmodellen und eingebettet darin, Methodologie, gewinnt. Die Zielerreichung legt gute Software im qualitativen Sinne nahe. Das wahre Ziel einer jeden Software ist die Schaffung von Mehrwerten für den Endverbraucher, egal ob für den Geschäftskunden oder den Privatanwender. So werden aus technischer und methodologischer Sicht Hilfsmittel geschaffen, die die Zielerreichung im Hinblick auf vorhandene Arbeitsmittel möglichst zufriedenstellend erfüllen sollen. Qualität bedeutet also gute Software in der Art der Entwicklung und in der Güte des vorgegebenen Prozesses.

Eine Möglichkeit hierzu soll im nachfolgenden Praxisprojekt untersucht werden: Accelerators[1] für die Agile Softwareentwicklung. Welchen genauen Zweck erfüllen Accelerators und wie können diese zu einer bedeutsamen Effizienzsteigerung in Agile Softwareprojekten verhelfen? Darüber hinaus kann sich der Softwareentwicklungsprozess im Zeitverlauf schnell als zunehmend komplex darstellen – zur effizienteren Beherrschung werden hierbei Hilfsmittel wie die Stacey Complexity Matrix herangezogen. Abschließend soll es auch darum gehen, ob das ideale Tool-Set, bestehend aus unterschiedlichen Accelerator-Typen, überhaupt existiert.

1.1.1 Arbeits- & Erkenntnisziel

Zum Zeitpunkt der Ausarbeitung bin ich bei einem Beratungs- und IT-Dienstleistungsunterhmen als Werkstudent tätig und betrachte speziell für dieses Projekt eine Handvoll passender Tools im Rahmen eines agilen Entwicklungsprojektes[2] für Steuerangelegenheiten, sowie deren Zusammenspiel. Das Ziel dieses Praxisprojektes ist die Erkenntnis darüber, welche Acceleratoren das Agile Vorgehensmodell verbessern können und ob es basierend darauf, eine ideale Infrastruktur von Software-Komponenten für das Application Lifecycle Management gibt.

---

[1] In dieser Ausarbeitung wird für alle gängigen technischen Begriffe jeweils die englische Bezeichnung verwendet.
[2] Für die laufende Ausarbeitung soll die Bezeichnung „Projekt X" Verwendung finden.

In Abschnitt **(2)** wird einführend der Begriff Agile betrachtet und welche Implikationen durch verkörperte Werte, Prinzipien und Prozesse sowie Praktiken der Softwareentwicklung zu Mehrwerten verhelfen. Vor allem soziale und technische Aspekte sind hier von besonderer Bedeutung, da sich hier besondere Potenziale verbergen. Bevor es in Abschnitt **(3)** vertiefend um die drei Accelerator-Kategorien Human, Requirements, Technology und den Bezug zu Agile geht, wird als Beispiel für dieses Projekt, das agile Framework Scrum sowie der agile Prozess XP[3] betrachtet. In Abschnitt **(4)** wird der Application Lifecycle besprochen, und die Kernfragestellung dieser Ausarbeitung abschließend geklärt. Neben Tool-Arten wie heavy- und lightweight tools wird auch ein exemplarisches Tool-Set aus der Praxis betrachtet.

| AGILE | ACCELERATION | ALM |

Um dem Argumentationsleitfaden dieser Ausarbeitung Ausdruck zu verleihen, wird die oben gezeigte Pfeildarstellung nach Abschluss des jeweiligen Kapitals verwendet.

---

[3]*Extreme Programming, vgl. Wolf (2005).*

2. Agile & Softwareentwicklung

2.1 Definition & Begriffliche Abgrenzung

Agile (lat. Agilis, dt. Agilität[4]: flink; beweglich) bezeichnet in der gleichnamigen Agilen Softwareentwicklung eine übergeordnete Verhaltens- und Denkweise. „Agile development is a philosophy. It´s a way of thinking about software development."[5] Agilität oder Agile[6] kann im Kern auf die Charakteristiken people driven, facilitation, iterative-incremental-process, measuring success sowie change, hin, definiert werden.[7]

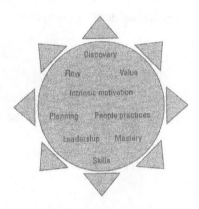

Abb. 1: Agile characteristics

Es geht also zum einen um eine menschzentrierte Entwicklung, indem die Fähigkeiten des einzelnen Individuums innerhalb eines Teams herausgestellt und sein empirisches Handeln gefordert wird. Bei Agile spricht man darüber hinaus von einem iterativ-inkrementellen-Prozess[8], der ständigen Messbarkeit aller eingehenden Parameter[9] und der grundsätzlichen Überzeugung, dass Veränderung[10] ein notwendiges Gut zur stetigen Verbesserung eines Endproduktes ist[11]. Agile versteht sich hierbei allerdings nicht als fertiges Pattern zur Umsetzung von Projekten: „...Agile is not one fixed process, method

---

[4] http://www.duden.de/node/651087/revisions/1338268/view.
[5] Shore (2007), S.9.
[6] An dieser Stelle soll für den restlichen Verlauf der Ausarbeitung der englische Begriff Verwendung finden.
[7] Vgl. Verheyen, S.19.
[8] Ein Prozess mit aufeinanderfolgend-wiederholbaren Schritten innerhalb fester Zeitintervalle).
[9] Darunter wird zusammengefasst: Anforderungen, Informationen und Wissen bezüglich des Produktes.
[10] Natürliche Veränderung, die nicht aus Zwang, sondern aus sich heraus und organisch entsteht.
[11] Vgl. Hüttermann (2012), S. 34.

or practice. It is the collection of principles that the methods for agile software development have in common."[12] Agile ist mehr eine Sammlung von Prinzipien und übergeordneten Verhaltens- und Denkweisen, die die Methoden der agilen Softwareentwicklung gemeinsam haben. Um Agile anzuwenden muss das Individuum allmählich Agile „annehmen". Es handelt sich also auf dem Weg dorthin um einen Verhaltensprozess, den das Individuum bei der Arbeit auf organische Weise, frei und selbstorganisiert durchläuft.[13] Das Annehmen von „Agile" setzt die in der Philosophie dieses Vorgehensmodells verankerten Werte und Prinzipien voraus. Diese werden im nächsten Abschnitt beschrieben. Doch woher die natürliche Evolution zu Agile? In der Geschichte der Softwareentwicklung begann alles mit dem traditionellen Wasserfall-Modell[14] bzw. dem industriellen Ansatz der schrittweise getrennten Entwicklung von Produkten. Man spricht hierbei gezielt auch vom „industrial paradigm[15]. Wir bewegen uns für den Moment zurück in eine Zeit ab Mitte der 1950er Jahre in der die Denkweise sehr stark der taylorist conviction[16] entspricht: die Arbeit wird durch eine Minderheit an befähigten Managern delegiert und grundsätzlich per „carrots and sticks"[17] das „Gute" durch Belohnung angenommen und das „Schlechte" durch Strafe abgelehnt. Das bedeutet, dass das gewünschte Verhalten zur Exekution gesetzter Ziele konsequent durchgesetzt wurde, indem Arbeitskraft gekauft und zumeist persönliche Ideen oder Kreativität weder gewünscht noch gefragt waren. Übertragen auf die Softwareentwicklung verfolgte der ursprüngliche Ansatz die Überzeugung, dass Software nicht nur vorab planerisch vollständig durchdrungen werden sollte, sondern alle Anforderungen vorhersehbar waren. Darüber hinaus sollte es möglich sein, die angegebene Zeit und das Budget punktuell zu planen und einzuhalten. „*...software must be delivered on time, on budget and with all the promised scope.*"[18]

---

[12]*Verheyen (2013), S. 19.*
[13]*Vgl. Smith (2009), S.5.*
[14]*Vgl. Office of Naval Research, Dept. of the Navy (1956).*
[15]*Vgl. Capgemini (2012).*
[16]*„workers can´t be trusted", vgl. Verheyen (2013), S. 13.*
[17]*dt. Entsprechung: Zuckerbrot und Peitsche.*
[18]*Verheyen (2013), S. 17.*

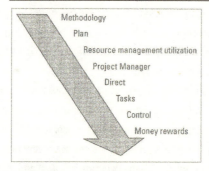

Abb. 2: The Industrial paradigm

Das vorangestellte Modell, welches auf dem industriellen Paradigma beruht, kann als open loop system bezeichnet werden. Ein open loop system versucht vorab möglichst alle benötigten Variablen und eingehenden Parameter im Detail zu bestimmen, ohne dabei neue oder sich ändernde Größen im Verlauf eines Projektes zu berücksichtigen.[19]

Abb. 3: Open loop system

Bedingt durch das open loop system entpuppte sich die Vorgehensweise eher als wenig effektiv. Softwareprojekte brachten ein noch höheres Risikopotenzial mit sich als heute und ein Großteil aller Projekte wurde nicht vollständig oder wie vertraglich abgestimmt, umgesetzt.[20] „It was accepted that only 10 – 20% of software projects would be successful."[21] Am Ende hatte man eine Software entwickelt die seitens des Auftraggebers teilweise oder nicht den Vorstellungen entsprach. Der niedrige qualitative Output wurde jedoch hingenommen.

---

[19] Vgl. ebd., S.68.
[20] An dieser Stelle muss festgehalten werden, dass Softwareprojekte zur damaligen Zeit nur im Geringsten der Komplexität heutiger Projekte entsprachen.
[21] Standish Group (2011).

Einige Jahrzehnte später, ab Ende der 1980er[22] über die 1990er bis ins frühe neue Jahrtausend, entwickelte sich allmählich ein neues übergeordnetes Vorgehensmodell für die Softwareentwicklung und mit diesem, der Begriff des „Agile". Agile versteht sich in seiner inneren Philosophie als Gegenbewegung zu eher traditionell unflexiblen Softwareentwicklungsprozessen wie dem V-Modell. Beide verfolgen dabei grundsätzlich dasselbe Ziel: ein Projekt soll erfolgreich[23] und möglichst kostengünstig umgesetzt werden. Beide Vorgehensmodelle folgen allerdings unterschiedlichen Vorgehensweisen und Grundsätzen. Die Vorgehensweise des V-Modell XT sieht eine generelle Orientierung am Ziel und Ergebnis vor, da hier das Produkt im Mittelpunkt steht. Das bedeutet, dass durch das „Tailoring" zu Projektbeginn alle zu erstellenden Artefakte bereits vorgegeben werden. Im Folgenden wird für das Projekt ein Handlungsrahmen festgesetzt, der die Reihenfolge der Produkte im Hinblick auf die Erzeugung und Absicherung definiert.[24] Dementgegen[25] basiert ein agiles Vorgehensmodell auf Werten und Prinzipien. Die Handlungen der Projektbeteiligten werden durch dieses Wertesystem angeleitet; seinen Leitsätzen folgen auch die konkreten Praktiken. „...a reaction to many of the existing project management approaches at that time that were perceived to be overly prescriptive, bureaucratic, and not very effective[...]."[26] Statistiken belegen, dass agile Softwareprojekte in Folge dazu tendierten, 3 mal so häufig erfolgreich zu verlaufen und 3 mal so selten fehlzuschlagen als traditionelle Vorgehensmodelle.[27] Der Standish Chaos Report zeigt diesen Trend in einem Vergleich des letzten Jahrzehnts auf; Projekte, die just-in-time und mit genau den erforderlichen Ressourcen abgeschlossen wurden, fallen unter die Kategorie „Challenged". Projekte die über den Erwartungen lagen und etwa Vorarbeit leisten konnten, fallen unter die Kategorie Successful.

---

[22]Vgl. Nonaka (1986).
[23]Im Sinne qualitativ guter Software.
[24]Vgl. Rausch (2007), S.13.
[25]Die weitreichenden Unterschiede dieser beiden Vorgehensmodelle ähneln insofern einem Paradigmenwechsel, wie z.B. beim Übergang von der prozeduralen Programmierung zur Objektorientierung.
[26]Cobb (2015), S.15.
[27]Standish Group (2011).

Bei agilen Projekten wurden zunehmend Anteile des Bereiches Challenged durch erfolgreiche Projekte eingenommen, was sich ebenso in den fehlge-schlagenen Projekten deutlich machte. Diese waren mit kaum mehr als 10% vertreten.

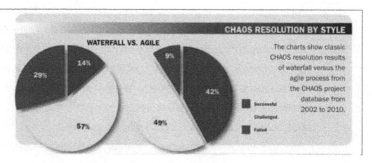

Abb. 4: Standish Chaos Report

„Agile understands the core purpose of the "normal" IT activities, but breaks the sequential organization of these." [...] „In agile all disciplines are per-formed in a non-linear, incremental way, in parallel and on a daily basis, by cross-skilled teams with continuous collaboration and negotiation over emer-gent ideas, techniques and practices."[28]

Agile Softwareentwicklung fokussiert essenziell das zu erreichende Ziel und bemüht sich darum, den Softwareentwicklungsprozess im Vergleich zu klas-sischen Vorgehensmodellen beherrschbar und in der Konsequenz, sicherer zu machen. Auf diese Weise können geordnet fachliche, technische und so-ziale Probleme während der Entwicklung behandelt werden. Eine der Beson-derheiten von Agile liegt darin begründet, dass Fehler und das Eingestehen dieser notwendig ist um Fortschritte bei der Entwicklung zu verzeichnen. Das Lernen aus Fehlern und der Mut zu Neuem stehen hierbei an erster Stelle[29]. Diese Besonderheit wird allgemein mit Kontinuität und spezifisch dem Begriff Continuous Improvement[30], der kontinuierlichen Verbesserung, beschrieben.

„Je mehr du nach Plan arbeitest, desto mehr bekommst du das, was du ge-plant hast, aber nicht das, was du brauchst."[31] Die Erwartung zielt also expli-

---

[28] Verheyen (2013), S.24.
[29] „Fehlerkultur", vgl. CIO.de (2014).
[30] Es herrschen hier enge Verbindungen zum Vorgehensmodell Lean und spezifisch dem Konzept: „reduce waste", vgl. MacInnes (2002).
[31] Agiler Leitsatz, Wolf (2011).

zit darauf ab, dass sich während eines Projektes Änderungen an Anforderungen, Markt, Konkurrenz oder technischen Aspekten ergeben können. Nicht zu vernachlässigen und von besonderer Relevanz ist hierbei auch der Mensch, der als Hauptakteur und Risikofaktor zugleich einen hohen Stellewert einnimmt. Übergeordnet dienen die genannten Aspekte der Schaffung von qualitativ hochwertiger Software, und nachgelagert etwa der besseren Beherrschung von Prozessen sowie deren Sicherheit.

2.1.1 Agile Fundamentals

Im vorherigen Abschnitt wurde ein erster Einblick zu Agile gegeben; doch worauf basiert Agile und was sind die Inhalte? Das Fundament von Agile sind die agilen Werte, denen durch entsprechende Prinzipien Ausdruck verliehen wird. Agile Prozesse und Praktiken sind hingegen konkrete Anwendungen auf die Softwareentwicklung. Agile Prozesse bestehen in der Regel aus agilen Praktiken und/oder agilen Methoden.[32]

Die agilen Werte Kommunikation, Einfachheit, Feedback, Mut und Respekt bilden das moralische Fundament des Agilen Manifest[33]. Man kann diese gut mit den Ansprüchen der Werte unserer Gesellschaft vergleichen; so wird allen Beteiligten während des Entwicklungsprozess derselbe Anspruch moralischen Handelns abverlangt wie dem Umgang mit Mitbürgerinnen.

Nachfolgend ein Überblick des vollständigen agilen Wertesystems:[34]

- Individuals and interactions over processes and tools
- Working software over comprehensive documentation
- Customer collaboration over contract negotiation
- Responding to change over following a plan

---

[32]Vgl. Smith (2009), S.329 f.
[33]Vgl. AgileManifesto.org (2001).
[34]Enzyklopaedie-der-wirtschaftsinformatik.de (Agile Vorgehensmodelle).

Die agilen Werte bilden das Fundament für agile Prinzipien. Diese Prinzipien dienen als Handlungsgrundsatz für die agile Arbeit[35]:

- Die frühe und kontinuierliche Auslieferung von wertvoller Software zugunsten der Zufriedenstellung des Kunden
- Gezielte Nutzung von Veränderungen bei agilen Prozessen zum Wettbewerbsvorteil des Kunden
- Lieferung von funktionierender Software in regelmäßigen, bevorzugt kurzen Zeitspannen (wenige Wochen oder Monate)
- Nahezu tägliche Zusammenarbeit von Fachexperten und Entwicklern während des Projektes (Bsp.: Gemeinsamer Code-Besitz)
- Bereitstellung des Umfeldes und der Unterstützung, welche von motivierten Individuen für die Aufgabenerfüllung benötigt wird
- Informationsübertragung nach Möglichkeit im Gespräch von Angesicht zu Angesicht
- Als wichtigstes Forschrittsmaß gilt die Funktionsfähigkeit der Software
- Einhalten eines gleichmäßigen Arbeitstempos von Auftraggebern, Entwicklern und Benutzern für eine nachhaltige Entwicklung
- Ständiges Augenmerk auf technische Exzellenz und gutes Design
- Einfachheit ist essenziell
- Selbstorganisation der Teams bei Planung und Umsetzung
- Selbstreflexion der Teams über das eigene Verhalten zur Anpassung im Hinblick auf Effizienzsteigerung

Prinzipien werden in der agilen Softwareentwicklung dazu genutzt, um die Werte richtig zu steuern; als konkretes Beispiel könnte man den Wert „Kommunikation" nennen: ohne ein zugrundeliegendes Prinzip, könnte man regelmäßig ohne ein übergeordnetes Ziel mehrstündige Meetings abhalten, einzig um diesen Wert zu würdigen. Da dies aber nicht die Intention der Modelle ist, führen die meisten Modelle Prinzipien ein, um diese klarer zu definieren. Die Prinzipien bilden den fließenden Übergang zwischen den Werten und den Praktiken.

---

[35] Vgl. AgileManifesto.org/principles (2001).

Eine agile Praktik bezeichnet eine an Agile ausgerichtete Handlung innerhalb der Softwareentwicklung. Konkret sind Praktiken Arbeitsschritte, die täglich vom Projektteam angewandt werden. Ohne entsprechende Werte könnte eine Praktik z.B. zu einem unnötigen Zwang verkommen und die ursprüngliche Intention verfehlen. In der Folge sind Werte und Prinzipien dazu dienlich, um agile Praktiken anzuwenden, damit im Hinblick auf das Agile Vorgehensmodell das Projektziel erreicht werden kann.

Beispiele für Praktiken:

- Paarprogrammierung[36]
- Kurze Iterationen
- Ständige Refaktorierungen
- Automatisierter Build-Prozess
- Agiles Schätzen

Agile Methoden sind ganzheitliche Vorgehensweisen die sich während der Softwareentwicklung, konkret auf die Werte und Prinzipien stützen.[37] Um Verwechslungen zu vermeiden, soll zur Unterscheidung gegenüber agilen Praktiken an dieser Stelle das Beispiel RUP[38] genannt werden. Es lässt sich grundsätzlich festhalten, dass agile Methoden gegenüber den Praktiken einen eher ganzheitlicheren Bezug besitzen. Methoden sind eine geschlossene Sammlung von einzelnen Handlungen.[39]

Ein agiler Prozess ist die Zusammenfassung aller angewandten Praktiken bzw. Methoden. Agilen Prozessen liegt das Bestreben zu Grunde, schnell und effektiv zu ausführbarer Software zu gelangen die dann, in regelmäßigen und kurzen Abständen, dem Kunden zur gemeinsamen Abstimmung geliefert wird. Der Vorteil der hierbei resultiert ist die flexible Reaktion auf Kundenwünsche einzugehen, die insgesamt die Kundenzufriedenheit erhöht.

Dieses Vorgehen wird bei Agile einerseits durch den generellen Abbau von Bürokratie und die Reduzierung der reinen Entwurfsphase auf ein Mindest-

---

[36] *Programmieren in Paaren meint, dass zum Programmieren ständig zwei Entwickler vor einem Entwicklungsrechner sitzen und gemeinsam arbeiten.*
[37] *Vgl. Innovation-hat-methode.de (Industrie- und Handelskammer).*
[38] *Rational Unified Process: ein Vorgehensmodell mit dazugehörigen Programmen zur Entwicklung.*
[39] *Vgl. It-agile.de.*

maß erreicht. Im Gegensatz werden menschliche Aspekte, vor allem die der Interaktion, stärker berücksichtigt. Beispiele für Agile Prozesse gibt es viele, jedoch soll hier exemplarisch XP in Bezug zum Rahmenwerk und defacto Standard Scrum besondere Beachtung finden.[40]

2.1.2 Scrum & XP

Im nächsten Schritt wird zunächst das agile Framework Scrum und getrennt davon, XP, behandelt. Anschließend soll das Zusammenspiel der beiden betrachtet werden. Die Wahl zur Vorstellung von Scrum innerhalb dieser Ausarbeitung liegt in der optimalen Umsetzung der Regeln des Agilen Manifest begründet und kann darüber hinaus in der Praxis als defacto-Standard (81,5% Verwendung unter agile und zumindest Teilnutzung 72%) bezeichnet werden.[41] Scrum wird bewusst als Rahmenwerk (Framework) betitelt und nimmt Abstand zur Definition als Vorgehensmodell, da der Umfang sich ausschließlich auf das Wesentliche bezieht. Man kann sich ein Rahmenwerk in dieser Hinsicht also als Schablone vorstellen, die aus dem Notwendigsten zusammengesetzt und in Folge durch die persönlichen Erfordernisse angereichert wird. Scrum selbst stellt keine Praktiken zur Umsetzung vor, sondern dient zwangsläufig nur dazu, einen äußeren Rahmen zu schaffen, damit verschiedene Praktiken eingesetzt werden können. Dieser Rahmen besteht hauptsächlich aus den roles, rules & principles sowie artefacts.[42] Die beschriebenen Aspekte von Scrum werden durch das Scrum Gameboard in Abbildung 6 visuell dargestellt um die besonderen Aspekte dieses Rahmenwerkes zu verdeutlichen. In der Theorie wird häufig auch eine Auslegung als Prozess aufgegriffen, die jedoch problematisch ist: es soll ein Unterschied gezogen werden, ob die Definition als Prozess sich deutlich auf einen „servant-process"[43] bezieht oder auf einen „commanding-process"[44]. Ein Prozess als solcher wird als feste Abfolge von Schritten definiert und dieser Auslegung folgt Scrum in seiner Funktionalität nunmehr nicht.

---

[40] *Vgl. Cobb (2015), S. 5.*
[41] *Forrester Research (2012), S.15; VersionOne (2013), S.5.*
[42] *Vgl. Wolf (2005), S.133.*
[43] *Keine feste Abfolge von Schritten, sondern ein unterstützender Prozess, der Verbesserungen unterliegt.*
[44] *Ein Prozess als feste Abfolge von wohldefinierten statischen Schritten.*

11

Demnach ist Scrum kein commanding-process. „*What works best for all involved players and their processes at work, emerges from the use of Scrum, not from a dictate by Scrum's definition.*"[45]

Abb. 5: The house of Scrum

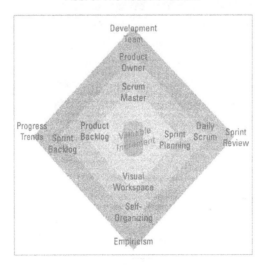

Abb. 6: The Scrum gameboard

---

[45] Verheyen (2013), S.46.

Das Wesentliche des Frameworks begrenzt sich auf fünf Aktivitäten, drei Artefakte und drei Rollen. Spezifisch für die Softwareentwicklung mit Scrum sind eine empirische Herangehensweise mit selbstorganisierten Teams unter Berücksichtigung des *„inspect & adapt"*[46]. Die Verwendung einer definition of done[47] sowie grundsätzlichen Engineering-Standards stellen die Grundlage für das Produkt. Im Hinblick auf realistischere Schätzungen, die der tatsächlichen Teamkapazität entsprechen werden funktionierende und abgestimmte Entwicklerteams auf die aktive geschäftliche Zusammenarbeit mit dem Kunden sowie allen Stakeholders vorbereitet. Von besonderer Unterstützung sind bei Scrum angepasste iterativ-inkrementelle Zeitfenster (time-boxing) und regelmäßige Feedback-Zyklen, sowie ein servant-leader[48], der die Arbeit sowie Entwicklung des Entwicklerteams fördert[49]. Es wird bei der Nutzung des Rahmenwerkes möglichst vermieden ungenutzte Spezifikationen, Architekturen oder Infrastruktur zu verwenden. Für eine Umsetzung des Scrum-Frameworks mit Aktivitäten, Artefakten und Rollen wird die Ausgestaltung durch Praktiken notwendig. Ganz bewusst wurden die Umsetzungstechniken vom Kern dieses Rahmenwerkes getrennt, damit die essentiellen Wirkungsmechanismen präzisiert werden können. Des Weiteren soll auf diese Weise größtmögliche Freiheit bei der individuellen Gestaltung des Projektes und der Anforderungen ermöglicht werden. *„They enter this new state of being, this state of agility; a state of constant change, evolution and improvement."*[50] An dieser Stelle ist es sinnvoll, den Bezug des Frameworks zur Intention guter Software hervorzuheben: einerseits sollen allgemeine Software-Qualitäten[51] sichergestellt werden, andererseits ist das Ziel die Nutzung und damit verbunden, der Verkauf und das Verdienen von Geld. Beide Aspekte hängen hierbei in unmittelbarem Zusammenhang.

---

[46] *Ein Prinzip zur permanenten Verbesserung, vgl. Schwaber (2013), S.4.*
[47] *Der zu erreichende Endzustand des Produktes, vgl. AgileAlliance.org.*
[48] *Vgl. Greenleaf (1976).*
[49] *Vgl. Smith (2009), S.32.*
[50] *Vgl. Verheyen (2013), S.17.*
[51] *Vgl. Enzyklopaedie-der-wirtschaftsinformatik.de (Qualitätsmerkmale von Software).*

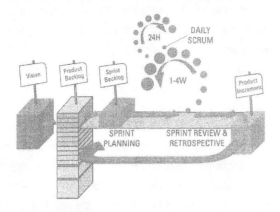

Abb. 7: Scrum flow

Scrum beruht auf der Überzeugung, dass viele Entwicklungsprojekte zu komplex sind, um in einen vollumfänglichen Plan gefasst werden zu können[52]„Scrum akzeptiert, dass der Entwicklungsprozess nicht vorherzusehen ist. Das Produkt ist die bestmögliche Software unter Berücksichtigung der Kosten, der Funktionalität, der Zeit und der Qualität."[53] Die Unklarheit über einen Mangel an Transparenz bezüglich der anfänglichen Lösungsansätze wird dahingehend beseitigt, indem Software-Inkremente als Zwischenergebnisse am Ende jedes Sprints geschaffen werden. Die fehlenden Anforderungen können mit Hilfe von Zwischenergebnissen folglich effizienter ermittelt werden als durch eine vorangestellte Klärungsphase. In Scrum wird neben dem Produkt auch die Planung iterativ-inkrementell entwickelt. Der langfristige Plan, das Product Backlog, wird kontinuierlich verfeinert[54] und verbessert. Der Detailplan, das Sprint Backlog, wird nur für den jeweilig nächsten Zyklus, den Sprint, erstellt. Auf diese Weise wird die Projektplanung auf das Wesentliche fokussiert.[55]

---

[52]Vgl. Schneider (2011), S.82.
[53]Gloger (2011), S. 19.
[54]Dieser Prozess wird als Product Backlog Refinement bezeichnet, vgl. Schwaber (2013), S. 14.
[55]Vgl. Smith (2009), S.32; Rasmusson (2010).

Die Denkweise entspricht bei Agile bzw. Scrum, im Gegensatz zum klassischen industriellen Ansatz[56], einem closed loop system.[57] Weitere Komponenten des Scrum Flow (siehe Abbildung 7) sind das Sprint Planning, d.h. die Planung des Arbeitsabschnittes, in dem eine Produktfunktionalität im Rahmen eines Produkt-Inkrements[58] implementiert wird. Das Sprint Planning gliedert sich hierbei in 2. Phasen, im ersten Teil erfolgt die Planung darüber, was im Rahmen des Sprints umgesetzt werden soll, d.h. welche Produktfunktionalität. Im zweiten Teil wird die Frage beantwortet, wie das Team während des Sprints zusammenarbeitet, d.h. wer sich um welche Aufgaben kümmern wird. Analog zur ersten und zweiten Phase des Sprint Planning erfolgt nach Beendigung des Sprints das Sprint Review[59] und das Sprint Retrospective[60]. Während des Sprints erfolgt jeden Tag ein 15-minütiges Meeting, das als Daily Scrum [61] bekannt ist.

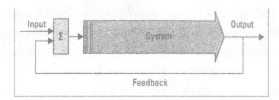

Abb. 8: Closed loop system

XP wird nachfolgend als agile Methodik im Vergleich zu Scrum betrachtet. Zwar bietet es ein eigenständiges Prozess- und Rollenmodell, doch sind sich beide an entscheidenden Stellen ähnlich bis deckungsgleich[62]. Dies betrifft vor allem die übergeordneten Werte und Prinzipien. Grundsätzlich lässt sich festhalten, dass Scrum im Vergleich zu XP nicht technologie-, kommunikations- oder tool-orientiert, sondern sich auf das Produktmanagement fokussiert, also die Zusammenarbeit der Beteiligten. XP konkretisiert im Gegensatz dazu, wie die Zusammenarbeit der Beteiligten innerhalb der gegebenen Technologie und Fachlichkeit aussieht.[63] Scrum und XP weisen sehr hohe

---

[56] Open loop system.
[57] Verheyen (2013), S.69.
[58] Produktfunktionalität, die während eines Sprints vom Scrum-Team entwickelt wurde.
[59] Hier wird rückblickend das „Was" besprochen: „wie wurde inhaltlich geschafft ?", vgl. Schwaber (2013), S. 11.
[60] Hier wird rückblickend das „Wie" besprochen: „wie lief die Zusammenarbeit?", vgl. ebd. (2013), S. 12.
[61] Vgl. ebd. (2013), S.10.
[62] An dieser Stelle soll der Fokus nur auf das konkrete Delta im Unterschied zu Scrum gelegt werden.
[63] Vgl. Wolf (2005), S.354.

Gemeinsamkeiten im Rollenkonzept auf, allerdings fällt bei dieser Betrachtung der Kunde heraus; bei XP wird davon ausgegangen, dass der Kunde selbständig dafür sorgt, dass einerseits verständliche aber auch umsetzbare sowie testbare Anforderungen erhoben werden. Zudem sollte der Kunde immer vor Ort sein, um jederzeit für Fragen und Feedback zur Verfügung zu stehen. Diese hohen Anforderungen können im Entwicklungsalltag schnell zu einer Überforderung des Kunden führen, weshalb das Rollenkonzept von Scrum an dieser Stelle als praktikabler gesehen werden kann. Lässt man das Rollenkonzept außer Acht, kann es durchaus sinnvoll sein, Scrum durch XP-Werte, Prinzipien und Praktiken zu erweitern. XP-Prinzipien können in diesem Sinne dabei helfen, die Werte „Kommunikation", „Mut", „Feedback" und „Einfachheit weiter zu konkretisieren.[64] Die Werte und Prinzipien werden hierbei durch diverse XP-Praktiken[65] umgesetzt. Es kann festgehalten werden, dass sowohl Scrum als auch XP über ein ausgeprägtes Bewusstsein gegenüber Veränderungen verfügen, denn auch bei XP existiert eine etablierte Feedback-Kultur. Mit einem Blick auf Abbildung 9 lässt sich feststellen, dass einige der vertretenen Praktiken, wie regelmäßiges Testen, eine Einbindung des Kunden oder das Streben nach verkürzten Release-Zyklen bereits durch das Prozess- und Rollenmodell in Scrum berücksichtigt sind. Zu den häufig verwendeten XP-Praktiken gehören kurze Release-Zyklen, Test First, Refactoring, Pair Programming, Collective Ownership, fortlaufende Integration, eine 40-Stunden Woche und der Kunde vor Ort. Sinnvoll erscheint bezüglich einer Integration in Scrum die Anreicherung um team-bezogene Aspekte, wie dem Pair Programming sowie ein gemeinsames Verantwortungsgefühl für das Produkt.[66]

---

[64] Vgl. Smith (2009), S.34.
[65] Vgl. Gi.de (Gesellschaft für Informatik).
[66] Vgl. Beck (2004), vgl. Pm-aktuell.org (2013).

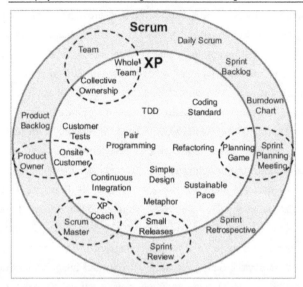

Abb. 9: Scrum/XP-Vergleich

Zusammenfassend lässt sich sagen, dass bei der Nutzung des Regelwerkes von Scrum die Anwendung der Praktiken von XP oft gut geeignet ist, um in einem bestimmten Kontext den gewünschten Effekt zu erzielen. Hinsichtlich des Prozess- und Rollenmodells beinhaltet Scrum bereits wesentliche Elemente von XP. Der Vorteil einer Erweiterung von Scrum um XP sind im Endeffekt spezifische Praktiken, wie sie zuvor im letzten Abschnitt exemplarisch vorgestellt wurden.[67]

2.1.3 Potenziale und Grenzen

Dem Vorgehensmodell Agile und dem Framework Scrum werden große Potenziale zugeschrieben, nicht zuletzt aufgrund der Effizienz, Transparenz und der Flexibilität. Im Hinblick auf die Potenziale und Grenzen stehen sich vordergründig die Aspekte Qualität und Zufriedenheit gegenüber. Qualität zum einen im Hinblick auf die Erfolgsquote und Zufriedenheit durch das Feedback der Nutzer bzw. Stakeholder. VersionOne[68] begründet den wahren Mehrwert im Kern von Agile bzw. Scrum: „…the ability to manage changing priorities, increased productivity, improved project visibility, improved team morale,

---

[67] Vgl. Shore (2007), S.15; Pixton (2014).
[68] Ein Technologieunternehmen, welches Software im Bereich von „agile lifecycle management" entwickelt.

higher effectiveness, quality and business stakeholder satisfaction."[69] Hierfür spricht die durchweg weite Verbreitung über das vergangene Jahrzehnt hinweg: „In 2002, agile projects made up up less than 2% of overall projects and less than 5% of new application development projects. Today, agile projects account for almost 9% of all projects and 29% of new application development projects[...]".[70] Interessant verbleibt die Frage, ob agile Methoden im Praxiseinsatz auch an ihre Grenzen hinsichtlich der Tauglichkeit geraten, wenn sich beim alltäglichen Einsatz von Scrum Probleme durch die genauere Ausgestaltung mittels Methoden, Praktiken, Prinzipien und Werten anderer Methoden und Praktiken ergeben oder den Nutzen zumindest mildern.[71] In Anbetracht der aktuell weiten Verbreitung bei gleichzeitig ergiebiger Erfolgsquote stellt sich natürlich auch die Frage warum nicht mehr Projekte durch ein agiles Vorgehen realisiert werden. So betrifft einer der Hauptgründe nach Ansicht von Mike Cohn den Schwierigkeitsgrad beim Change-Management: „It is harder than most other organizational change efforts I´ve witnessed or been part of"[72] Das Marktforschungsunternehmen Forrester Research unterstreicht diese Aussage: *„The future of Agile is bright, but only if you deal with the change management required to introduce it in your organization. Initial adoption is one thing, scaling it through the enterprise another."*[73] Betrachtet man andererseits die Projekte, die trotz einem agilen Vorgehen scheitern, deckt sich auch hier das Ergebnis der Fehleranalyse mit der Erfolgsquote: *„company philosophy or culture at odds with agile values."*[74] Die Hauptgründe für das Scheitern von agilen Projekten sind laut der Studie „State of Agile Survey" von VersionOne aus dem Jahr 2011 entweder ein Mangel an Erfahrung mit „agile methods" (16%) oder das fehlende Wissen über organisationale Änderungsanforderungen (11%). Die Qualität des Vorgehensmodells wird hingegen nur selten bemängelt.[75]

---

[69] VersionOne (2013), S.10.
[70] Standish Group (2011), S.1.
[71] Vgl. Pm-aktuell.org (2013).
[72] Cohn (2010), S.17.
[73] Forrester Survey 2012, S.36.
[74] Vgl. ebd., S.36.
[75] Vgl. VersionOne (2011).

In diesem Kapitel wurden die notwendigen Grundlagen des Vorgehensmodells „Agile" gelegt, um zu erläutern, wie konkret die Grundlage für das Projektmanagement aussieht. Im nächsten Abschnitt wird die Thematik vertieft, indem spezifische Aspekte unter Berücksichtigung so genannter Accelerators Betrachtung finden sollen. Es soll deutlich werden, dass es sich bei Agile um eine Konsequenz unserer heutigen Zeit und einem generellen Aufkommen an Komplexität handelt, indem Prozesse und die Denkweise änderbar und optimierbar verbleiben müssen.

3. Acceleration

3.1 Definition & Begriffliche Abgrenzung

Die Reduzierung[76] von Komplexität ist der Weg, der zum Schreiben guter Software führt. Erstrebenswert ist hierbei eine Vereinfachung bestehender Prozesse bei mindestens gleichbleibendem Qualitätsanspruch. Behaupten können sich bei dieser Zielsetzung so genannte Accelerators[77] (engl.: Beschleuniger). Ein Accelerator kann ein Hilfsmittel sein, das entweder durch methodischen oder technischen Einsatz, den jeweiligen Bereich der Softwareentwicklung vereinfacht oder gänzlich unterstützt. Accelerators beschränken sich nicht ausdrücklich auf die technischen Aspekte der Entwicklung, sondern zielen bei Agile ausdrücklich auf die Faktoren Human, Requirements, und Technology ab. In den nächsten Abschnitten soll beleuchtet werden, wie und warum gerade diese Faktoren sich von Relevanz zeichnen.

3.1.1 Complexity

Vorgehensmodelle wie Agile und spezifische Frameworks wie Scrum finden aufgrund stetigen Aufkommens an Komplexität bzw. „Chaos"[78] generell immer weitere Verwendung. Als Spezialfall von komplexen Systemen, handelt es sich bei modernen Software-Projekten um komplexe adaptive Systeme[79]. Charakteristisch für komplexe Systeme ist, dass sie in der Regel aus mehreren Elementen bestehen, die zusammenhängend sind. Des Weiteren verhalten sie sich durch ihre Fähigkeit zur Anpassung an die Umwelt adaptiv. Dies kann durch ihre empirische Natur begründet werden, die sie als flexible Wahl zur Beherrschbarkeit von Komplexität nahezu prädestiniert; als Beispiele bei Scrum können an dieser Stelle die kontinuierliche und wiederkehrende Betrachtung[80] mit anschließender Anpassung genannt werden.

---

[76] *Divide et Impera; vgl. Vogt (1940), S. 21.*
[77] *Der Begriff des Accelerators ist hinsichtlich Agile in der Theorie mit keiner offiziellen Quelle belegbar; die Wahl für diesen Begriff ergibt sich aus dem gängigen Sprachgebrauch der Agile Community zur Beschreibung von zunehmender Flexibilität und Verbesserung.*
[78] *In der theoretischen Informatik beschreibt die Komplexitätstheorie ein Konzept zur Abschätzung des Ressourcenaufwandes zur algorithmischen Behandlung bestimmter Probleme. Im Unterschied zur Komplexität, beschreibt Chaos einen Zustand vollständiger Unordnung oder Verwirrung, vgl. Enzyklopaedie-der-wirtschaftsinformatik.de (Komplexitätstheorie).*
[79] *Vgl. Gell-Mann (1994).*
[80] *Inspect & Adapt.*

Für die agile Softwareentwicklung stellen die 3 Faktoren Human, Requirements, und Technology die Kernaspekte dar. Die ersten beiden genannten Faktoren ergeben sich bei Agile aus der allgemeinen Forderungen nach Transparenz[81] und Traceability.[82] Wie im letzten Kapitel thematisiert, handelt es sich bei diesem Vorgehensmodell einerseits um einen menschzentrierten Fokus, d.h. jegliche Vorgehensweisen dienen dem Individuum zur optimalen Verrichtung der Arbeit. Andererseits setzt das Projektmanagement im agilen Kontext eine Herangehensweise voraus, die sich nach häufigen Anforderungsänderungen innerhalb der iterativen Entwicklung richtet. Jegliche Arbeiten und Tätigkeiten des Teams müssen zum Wert des Systems beitragen, sodass das Vorgehen offen für Änderungen bei gleichzeitig hoher Struktur und Disziplin verbleibt. Gerade weil Anforderungen die grundlegendste Komponente im Entwicklungsprozess darstellen, müssen Gegebenheiten geschaffen werden, um diese frühzeitig zu erkennen bzw. vorauszusehen. Es lässt sich also festhalten, dass Agile den Fokus sehr stark auf den Mensch und die Anforderungen richtet.[83] Die Komponente Technology erweitert die genannten Faktoren durch den Einsatz erprobter Software. Ein Software-Projekt vermag in der Planung sehr viele Dimensionen anzunehmen; deshalb soll im Folgenden und zur vereinfachten Darstellung, das „magic rel[84]" bzw. „magic square", diese grundlegenden Komponenten eines Projektes auf abstrakter Ebene illustrieren. Das magic barrel setzt sich in seinem Inhalt aus den 4 „Krügen" Qualität, Zeit, Ressourcen/Kosten, sowie dem Umfang in Funktionalität/Anzahl der Features, zusammen. Der vollständige Inhalt des magic barrel ist hierbei begrenzt; das bedeutet, dass Ressourcen und Zeit begrenzt sind; in der Praxis ist klassischen Projekten deshalb meist daran gelegen für die Komponente Qualität zu sparen. Agile Projekte investieren hingegen weitaus mehr in Qualität als traditionelle Projekte es tun – das hohe Investment in Qualität ist also ebenfalls eine feste Konstante. Das Investment in Zeit, welches hauptsächlich in einem Projekt mit time-boxing, bei dem der Zeitrahmen feststeht, initiiert wird, und Ressourcen, sind ebenso feste Konstanten. Der Umfang hingegen verbleibt variabel – jedes Software-Produkt ist schließlich unterschiedlich.

---

[81] Vgl. Schwaber (2013), S. 4.
[82] Nachvollziehbarkeit wird durch Transparenz ermöglicht.
[83] Siehe Kapitel Agile, Abschnitt: 2.1, S. 4 f.
[84] Vgl. Hüttermann (2012), S.36.

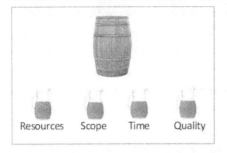

Abb.10: The magic barrel

Unsere Welt unterliegt durch zunehmende Globalisierung nicht nur einer immer stärkeren Vernetzung; Innovationszyklen folgen ebenso in immer kürzeren Intervallen und auch abgeleitete Anforderungen reagieren empfindlicher denn je auf Wettbewerb, Markt und Umwelt - die Entscheidungsfindung in derartigen Systemen fällt also ebenfalls komplexer aus. Da es sich beim magic barrel um eine sehr vereinfachte Darstellung handelt, soll im Folgenden ein Tool diskutiert werden, das sich gezielt mit der Entscheidungsfindung in komplexen Projekten beschäftigt.[85]

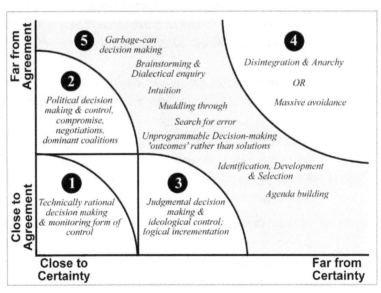

Abb.11: Stacey Complexity Matrix

---

[85] Vgl. Stacey (1992).

Unter der Bezeichnung Stacey Complexity Matrix bzw. Stacey Complexity Graph[86] dient diese Darstellung in ihrer Intention der Begegnung von komplexen Situationen in Management-Settings, indem dem Anwender eine Auswahl von adäquaten Management-Entscheidungen innerhalb eines komplexen adaptiven Systems, in diesem Fall des Software-Produktes, geboten wird. Der Auswahl liegen zunächst jeweils auf einer Achse in vertikaler und horizontaler Richtung, ein Grad der Sicherheit bezüglich der eingesetzten Technologien (Technology) und eine Ebene der Übereinstimmung bezüglich der Anforderungen (Requirements) zugrunde.

Im Folgenden ergeben sich hieraus die folgenden Anwendungsmöglichkeiten[87]:

- Auswahl von Management- oder Führungsmethoden zu einem spezifischen Problem oder einer Entscheidung.
- Aufstellung von Entscheidungsmöglichkeiten (oder einer Agenda).
- Dialog über die Sinnhaftigkeit einer entsprechenden Herangehensweise.
- Förderung von Kreativität: wenn Innovationen und kreative Alternativen benötigt werden, kann diese Matrix vorsätzlich genutzt werden um die Unsicherheit sowie Unstimmigkeit zu erhöhen[88].

Close to Certainty bedeutet hier, dass Probleme oder Entscheidungen einem Grad der Sicherheit unterliegen, wenn die Verbindung zwischen Ursache und Wirkung sicher festgestellt werden kann. Dies ist dann der Fall, wenn bereits im Vorfeld Erfahrung mit einem entsprechenden Problem oder einer Entscheidung vorhanden war. Es ist dann möglich, aus vergangenen Erfahrungen zu extrapolieren und den Ausgang einer Aktion mit einem hohen Grad an Sicherheit vorherzusagen.

Far from Certainty bedeutet, dass Entscheidungen weit von einem Grad der Sicherheit entfernt sind. Derartige Situationen sind eher einzigartig oder zumindest für den Entscheidungsträger neu. Die Verbindung zwischen Ursache und Wirkung kann nicht sicher festgestellt werden. Aus vergangenen Erfah-

---

[86]*Vgl. Stacey (2002).*
[87]*Vgl. Stacey (1996).*
[88]*Dies wird z.B. dahingehend erreicht, indem das System in Richtung eines „chaotischen" Zustandes manövriert wird. Dies kann sich förderlich auf die Innovations- und Kreativleistung auswirken.*

23

rungen zu extrapolieren stellt hier keine empfohlene Option dar, um den Ausgang einer Aktion zu bestimmen.

Agreement bzw. die Ebene der Übereinstimmung bedeutet, dass auf der vertikalen Achse die Übereinstimmung bezüglich einem Problem oder einer Entscheidung innerhalb einer Gruppe, des Teams oder der Organisation gemeint ist.

Übertragen auf die Softwareentwicklung teilt die Stacey Matrix im inneren des Feldes Softwareprojekte in 4 bzw. 5 Betrachtungs-Perspektiven[89] ein, die sich zum einen nach der Übereinstimmung bezüglich Nutzer-Anforderungen und zum anderen nach der Sicherheit bezüglich der genutzten Technologie richten:

1. **Simple – Technical Rational decision-making:** Den zugrundeliegenden Projekten obliegt eine hohe Übereinstimmung der Anforderungen unserer Lösung und eine nahezu absolute Sicherheit bezüglich der von uns eingesetzten Technologie. Ein Großteil der erprobten und gelehrten Management-Lösungen aus Literatur bzw. Theorie umrahmt diesen Bereich. Grundsätzlich werden hierbei Techniken verwendet, die sich auf Daten stützen, die in der Vergangenheit erhoben und auf diese Weise die Zukunft voraussagen können.

2. **Complicated – Political decision making:** Den zugrundeliegenden Projekten obliegt eine hohe Unstimmigkeit der Anforderungen aber eine absolute Sicherheit bezüglich der eingesetzten Technologie. Weder bestehende Pläne noch erprobte Methoden tendieren zur Lösung in diesem Kontext. Stattdessen werden politische Aspekte relevant. Die Bildung von Koalitionen, Verhandlungen und Kompromissbildung finden Verwendung, um die Agenda und die Perspektive des Projektes zu bestimmen.

3. **Complicated – Judgemental decision-making:** Den zugrundeliegenden Projekten obliegt eine hohe Übereinstimmung der Anforderungen aber eine Unsicherheit bezüglich der eingesetzten Technologie. In diesem Zusammenhang wird ein Monitoring gegenüber einer vorausbestimmten Planung nicht funktionieren. Ein stärkerer Fokus

---

[89] *Vgl. Stacey (1992).*

24

auf gesetzte Missionen oder Visionen vermögen in diesem Fall zur Substitution für einen Plan. Verglichen wird hierbei nicht gegenüber Plänen sondern gegenüber der entsprechenden Mission bzw. Unternehmens-Vision. In diesem Bereich bestimmt das Ziel den Weg, wenngleich der genaue Weg dorthin nicht vorherbestimmt werden kann.

4. **Anarchy/Chaos:** Den zugrundeliegenden Projekten obliegen sowohl im Bereich der Nutzer-Anforderungen als auch der eingesetzten Technologie Unsicherheiten, die nicht der Kontrolle unterliegen. Die typischen Methoden der Planung, Vision und Verhandlung sind in diesem Kontext unzureichend. Eine Möglichkeit mit dieser Art von Kontext umzugehen ist die Vermeidung von Problemen, die großer Unsicherheit und Unstimmigkeit unterliegen. Obwohl auf kurze Sicht diese Vorgehensweise vielversprechend sein kann, sollte sie im Projektkontext vermieden werden.

5. **Complex:** Inmitten des blau-gefärbten Bereichs befindet sich des Weiteren die „zone of complexity" (5) bzw. „edge of chaos". In diesem Bereich stellen die bisher erprobten Lösungen zwar keine besonders effektive Alternative dar, jedoch symbolisiert dieser Bereich Kreativität, Innovation und allgemein den Bruch mit der Vergangenheit um neue Vorgehensweisen zu entwickeln. Im Kontext der Softwareentwicklung bedeutet das, dass den zugrundeliegenden Projekten keine klare Zustimmung der Nutzer-Anforderungen und keine Sicherheit bezüglich der eingesetzten Technologie obliegen.

Bei Projekten der Kategorie "Simple" kann aufgrund hoher Vorhersehbarkeit innerhalb der Anforderungen sowie Technologie, relativ bequem auf ein Vorgehensmodell des Typs „Wasserfall" zurückgegriffen werden. Einfache Projekte dieser Art existieren heutzutage eher selten, doch entsprachen sie bis in die frühen 60er Jahre eher der Regel. Software-Projekte wurden durch die Anforderungen des Kunden herunter gebrochen, um eine Realisierung zu ermöglichen. Dieser fragile Prozess zeichnet sich dadurch aus, dass eine Person planerisch den Entwicklungsprozess durch die gegebenen Anforderungen gedanklich und unterstützend durch Sprache und Bild durchdrang. Dieser Schritt wurde etwa durch eine Schnittstelle, z.B. einen Business Analysten besetzt, der die Informationen in Spezifikationsdokumenten manifestierte. Diese Use Cases wurden folglich an das Entwickler-Team zur Realisierung übergeben.[90] Die Wahrscheinlichkeit zur Falschinterpretation ist bei diesem Vorgehen relativ naheliegend, und verstärkt sich durch die mangelnde Sicherheit, die das Team bezüglich der eingesetzten Technologien haben wird. In Folge der statischen Strukturierung des Wasserfall-Modells stellt sich Unvorhersehbarkeit ein, weil alle Anforderungen vorab in Erfahrung gebracht und benannt werden müssen. Hinzu kommt die Tatsache, dass der Kunde diese Anforderungen erst verifizieren kann, wenn das Projekt einen fortgeschrittenen Grad erreicht hat und Änderungen sich dann als wenig kostenschonend herausstellen würden. Moderne Projekte sind meist als komplex einzuordnen; dies wird im Vergleich zu den Anforderungen sehr gut am Beispiel der menschlichen Komponente deutlich: fügt man z.B. einem Team aus individuellen Personen, Menschen mit unterschiedlichen Erfahrungen, Fähigkeiten, Ansichten, Zielen und Persönlichkeiten, sowie Verhaltensweisen hinzu, erhält man eine ausreichend komplexe Zusammenstellung. Es lässt sich also festhalten, dass moderne Software-Projekte auf unterschiedlichster Ebene komplex sind und dieser Trend sich mit zunehmender Gewichtung in diese Richtung bewegt – das vollständige Planen und Vorhersehen ist also nur ungenau bis gar nicht zeitnah möglich.[91] Für das Projektmanagement ergibt sich hieraus die Feststellung, dass das Management innerhalb der Felder 1-3 relativ viel Zeit mit den erprobten Methoden verbringt. Diesen Bereichen wird mit Lösungen begegnet, die sich auf Vergangenheitswerte stützen und auf diese Weise die Zukunft einschätzen. Lösungen in Feld 4 (siehe Abbildung 11) mangeln an Vorhersehbarkeit – die zuständigen Entscheider müssen hier auf ein reichhaltiges Spektrum, vor allem an alternativen Vorgehensweisen, zurückgreifen.[92] Für die Stacey Matrix ergibt sich im Hinblick auf die agile Softwareentwicklung nun die folgende Feststellung: mehr Anteile der Oberfläche der Matrix werden durch Komplexität eingenommen, d.h. immer mehr Arbeit wird komplex und die Ausbreitung („The Edge Of Chaos") nimmt zu.

---

[90] Vgl. Stacey (2002)..
[91] Siehe: the industrial paradigm, vgl. Abschnitt 2.1, S. 4.
[92] Vgl. Stacey (1992); Stacey (1996).

Die Komponente Technology nimmt hierbei eine change-on-change-Stellung[93] ein, was durch den Einsatz von empirischen Vorgehensweisen erforderlich wird. Darüber hinaus vermag der Faktor Technology die Aspekte Human sowie Requirements zu verbinden. Im Folgenden soll einzeln untersucht werden, wie Accelerators in diesen Bereichen wirken können um agile Potentiale zu nutzen.[94]

3.1.2 Human Accelerators

Human Accelerators sind in der Regel alle Hilfsmittel, die zur „Beschleunigung" der menschlichen Komponente im Softwareentwicklungsprozess führen. Es ergibt sich in Agile aus der Forderung danach, den Menschen und sein Handeln über festgelegte Prozesse sowie Tools zu stellen. *„We have come to value....individuals and Interactions over Process and Tools."*[95] Komplexität kann viele Formen annehmen. Alleine organisatorische Aspekte schaffen Komplexität, die z.B. durch die reine Teamgröße, verteilte Entwicklung oder etwa Gegenmustern, wie „verschanzten Persönlichkeiten"[96] Ausdruck verliehen wird. Technische und regulatorische Spezifikationen sind Grundbedingungen, die ebenso Komplexität beeinflussen. Kleine Teams mit niedriger organisatorischer oder technischer Komplexität können zur vollständigen Selbst-Organisation übergehen und wählen sich ihre präferierten Tools selber aus. Eine derartige Infrastruktur wird jedoch impraktikabel, sobald die Komplexität zunimmt. Um ein Bewusstsein für komplexe Szenarien bzw. das Projekt und das involvierte Team zu schaffen, wird der Einsatz führender Tools mit entsprechenden Features essentiell. Gefragt sind Lösungen, die zur Traceability, der näherungsweisen Automation, sowie der Beschleunigung und ggf. Automatisierung von Prozessen und dem Knowledge-Sharing[97] beitragen. Wesentlicher Erfolgsfaktor von Scrum und XP ist eben jenes veränderte Menschen- bzw. Mitarbeiterbild. Das Entwickler-Team kommt ohne den klassischen Projektleiter und ohne hierarchische Projektstruktur aus.

---

[93]*Change-Model über Zeit; der Bedarf zur Ablösung von bisherig erprobter Technologie.*
[94]*Vgl. Rossberg (2014), S.51.*
[95]*AgileManifesto.org (2001).*
[96]*Personen, die z.B. weniger einfach zu delegieren sind.*
[97]*Eine Aktivität durch welche Wissen (in Form von Informationen, Fähigkeiten oder Expertise) zwischen Menschen ausgetauscht wird.*

Im Mittelpunkt steht das Entwicklerteam, dem die Projektsteuerung sowohl durch allgemeine Selbstorganisation und die Exekution weitgehend überlassen wird. *„Agility in itself is much more than following a new process. It is about behavior, it is about cultural change."*[98] *„It requires the courage, honesty and conviction of acting in the moment, acting upon the reality that is exposed by iterative-incremental progress information."*[99] In einem von Alistair Cockburn[100] veröffentlichten Paper aus dem Jahre 1999, *„Characterizing people as non-linear, first order component in software development"*, wird beschrieben, wie der Mensch den Entwicklungsprozess in gleichem Maße beeinflusst wie Methoden oder Praktiken. Obwohl Cockburn dies als „erstaunlich offensichtlich" bezeichnet, beschreibt er es ebenso als häufig unterschätzte Tatsache. Fast jedes Problem, dass innerhalb des Entwicklungsprozess auftritt, hängt in bestimmter Weise mit dem Menschen zusammen. Es kann sich also entweder um ein Kommunikationsdefizit, die Unvorhersehbarkeit von menschlichen Launen und Motiven der beteiligten Personen, oder gänzlich um die Frage der Zusammenarbeit von Teammitgliedern für das Projekt handeln; nur wenige Probleme verbleiben hierbei rein technischer Natur. Agile Methoden und Praktiken versetzen ihre Teilnehmer sowie deren Interaktionen in den Mittelpunkt aller Entscheidungen; Erfolgreiche Softwareprojekte müssen die Frage nach der Art der Zusammenarbeit unter den Teammitgliedern beantworten und des Weiteren, wie dies effektiv geschehen soll. Grundlage für das Projekt ist das effektive Gestalten von Team-Beziehungen; Softwareprojekte werden im geschäftlichen Rahmen nicht einzig von einer Person realisiert - eine effektive Zusammenarbeit ist deshalb unerlässlich. Um dies zu ermöglichen, müssen Arbeitskonstellationen geschaffen werden, die sich auf Ehrlichkeit, Vertrauen, Kooperation, Offenheit und gegenseitigem Respekt stützen. Selbstverständlich kann der Mensch nicht zu all dem gezwungen werden. Im Kontext agiler Methoden und Praktiken können diese förderlich bei der Unterstützung solcher Beziehungen werden. Eine Möglichkeit hierzu ist das Schaffen eines Bewusstseins für die gemeinsamen Ziele und die Ermunterung zur Kooperation sowie das Experimentieren. Von Relevanz zeichnet sich hierbei der Respekt, den man

---

[98] *Verheyen (2013), S.27.*
[99] *Ebd., S.27.*
[100] *Cockburn (1999).*

seinen Teammitgliedern entgegen bringt um für ein qualitativ hochwertiges Endprodukt miteinander zu kooperieren. Obwohl kein Prozess dazu vermag effektive Beziehungen im Team gezielt zu fördern, ist XP durchaus in der Lage diese im Ansatz zu ermöglichen. Das wohl prägnanteste Beispiel hierzu ist die Nutzung von cross-funktionalen Teams innerhalb des gleichen Workspace. Mit Hilfe der wöchentlichen Iteration Demo kommen Teams gleichsam in Kontakt mit den relevanten Stakeholdern sowie der Einbindung echter Kunden im Verlauf des Projekts. Tägliche Praktiken wie Stand-Up Meetings, Collective Code Ownership, eine ubiquitäre Sprache, das Planning Game[101] und Pair Programming verhelfen dazu, die Idee hinter dem gemeinsamen Erreichen von Zielen bei der Arbeit zu festigen. Des Weiteren reicht ein funktionierendes Team alleine nicht aus. Es bedarf der passenden Belegschaft zur funktionierenden Zusammenarbeit. Hierbei muss die Vielfalt der Expertise breit aufgestellt sein. Das Prinzip dahinter: *„let the right people do the right things"*[102], also ein cross-funktionales Team, das zusammenfindet und die entsprechende Arbeit delegiert. XP unterstützt dieses Prinzip durch die Einbindung von Test-Kunden sowie Testern als auch, wenn von Nöten, dem richtigen Kunden im Team. XP verfügt im Folgenden über einen Coach (keiner autoritär-leitenden Person), die die Mitglieder fördert. Das Planning Game[103] verhilft dem Team dazu, die Leitung innerhalb des Teams zu teilen, indem die Expertise von Entwicklern und Business Experten gleichsam gewürdigt wird. Mit steigender Erfahrung verüben XP Teams zunehmend Selbstorganisation; mit fortschreitender Zeit werden Regeln der klassischen Zuständigkeit aufgebrochen, um sich stattdessen der Person zu richten, die für die aktuelle Aufgabe prädestiniert ist. *„Build the Process for the people"*[104] Agile würdigt den Menschen als Zentrum der Softwareentwicklung. Agile Praktiken und Methoden dienen in erster Linie dem Menschen, nicht den „Maschinen". Effektives Arbeiten setzt hierbei ein tieferes Verständnis dafür voraus, wie Menschen miteinander interagieren oder wer die Entscheidungen trifft. Ein Aspekt der Menschlichkeit ist aber auch die Fehlbarkeit. Der Mensch scheitert früher oder später auf natürliche Weise, indem Fehler ge-

---

[101]*Eine Methode zur Schätzung des Aufwands für User Stories mit spielerischen Elementen.*
[102]*Shore (2007), S.363.*
[103]*Die Intention des Planning Game: das Produkt auf den Weg zur Auslieferung zu bringen (Business Agility), vgl. Leybourn (2013), S. 146 - 150.*
[104]*Ebd., S.364.*

macht oder wichtige Praktiken vergessen werden, unter anderem zum Wohle des Menschen selbst (Stress-Management/Erschöpfung).[105] Scrum toleriert diese Aspekte nicht nur, es berücksichtigt diese im Entwicklungs-Prozess, weshalb man hier auch explizit von einer gewollten Fehlerkultur spricht.

„Während bei anderen Entwicklungsmethoden aber große Ressourcen investiert werden, um mögliche Fehler bereits im Vorfeld zu antizipieren und diese auszuschließen, beschränkt sich dies bei Scrum auf schwerwiegende Fehler. Kleinere Bugs werden erst mal in Kauf genommen. Was aber nicht heißt, dass sie im fertigen Produkt toleriert werden."[106]

3.1.3 Requirements Accelerators

Anforderungen sind die Basis aller Software-Produkte und ihre Erhebung, das Management[107] und deren Verständnis sind weit verbreitete Probleme aller Softwareentwicklungs-Methodologien. Im Einzelnen stellt die Veränderbarkeit der Anforderungen die wohl größte Herausforderung aller kommerziellen Software-Projekte dar. Einer Studie der Standish Group zufolge[108] sind 5 dieser Hauptfaktoren zum Scheitern von Projekten auf Anforderungen zurückzuführen, unter anderem, eine niedrige Einbindung des Kunden, unrealistische Erwartungen, Änderungen in den Anforderungen sowie nutzlose und unvollständige Anforderungen. Ein besonderes Merkmal der agilen Softwareentwicklung ist die Tendenz zur priorisierten Reaktion auf sich ändernde Anforderungen durch wiederkehrend-vorrauschauende Planung. Wenn ein agiles Entwickler-Team zu viel Zeit in die Planung und das Design einer Architektur investiert, wird die Reaktion auf Änderungen unter Umständen wenig kostenschonend, wohingegen sich eine mangelnde Planung zu einem Risiko entpuppen kann. Die richtige Balance dieser Extreme zu finden hängt in erster Linie vom Kontext, der Umgebung sowie dem Entwickler-Team ab für die das System gebaut wird. Im Gegensatz zur Systemgröße, wird bei der agilen Planung im Vorfeld der Mehrwert für den Kunden, priorisiert gegenüber den gesamten Entwicklungskosten, betrachtet. Ein Verständnis dieser Faktoren verhilft schließlich dazu, dass agile Teams effizienter bestimmen können, wie viel Vorarbeit zur System-Planung angebracht ist. Selbstver-

---

[105]*Vgl. Shore (2007), S.361 f.; Cohn (2010), S. 95 f., S.201 f., S.219 f.*
[106]*Vgl. CIO.de (2014).*
[107]*Vgl. ScrumAlliance.org (Agile requirements definition and management).*
[108]*Standish Group (1995).*

ständlich spiegeln sich diese Entscheidungen beispielsweise im verwendeten Technologie-Stack wieder (inklusive der Entwicklungs-Frameworks), dem Architektur-Stil oder Patterns sowie der High-Level Komponenten des Systems.[109] Das Hauptanliegen von Agile liegt hier in der Schaffung von Mehrwerten für den Kunden sowie anderer Stakeholder; viele der 12 Prinzipien des Agilen Manifest zielen unmissverständlich auf das regelmäßige und zeitnahe Ausliefern von Mehrwerten[110] ab. Scrum und XP etwa maximieren den Mehrwert, indem Aufgaben analog zu den Geschäftszielen priorisiert werden. Agile Methoden fokussieren durch die häufige Auslieferung von Software, die schnelle Reaktion auf sich ändernde und aufkommende Anforderungen im Hinblick auf vorausschauendes Planen, ein allgemeines Qualitätsbewusstsein sowie Einfachheit. Unter Requirements Accelerators lassen sich nun alle Hilfsmittel zusammenfassen, die zur effizienteren Bestimmung aller relevanten Anforderungen zum Softwareentwicklungsprozess dienen. Dies können spezifische Methodiken und Software sein, die Anforderungen zum richtigen Zeitpunkt, in der richtigen Tiefe und verständlich darstellen. Die konkrete Idee hinter Requirements Accelerators besteht darin, die essentiellen Praktiken des Requirements Engineering mit den Grundgedanken der agilen Vorgehensweise zu verschmelzen bzw. Potentiale zu nutzen. Agile vermag das Risiko der zuvor genannten Problemfaktoren unter Verwendung ausgewählter Praktiken zu mildern oder gänzlich aufzuheben, indem die agilen Aspekte der iterativ-inkrementellen Entwicklung sowie dem iterativen Requirements Engineering, kurzer Release-Zyklen, dem Priorisieren vor jeder Iteration und die Einbindung des Kunden (Continuous Validation) Verwendung finden. Darüber hinaus soll durch regelmäßiges Refactoring ein gewisser Grad der Einfachheit erreicht werden. Abgerundet wird das Spektrum etwa durch gezieltes Prototyping, einer direkten face-to-face-communication und bei entsprechendem Bedarf, der testgetriebenen Entwicklung. Die genannten Acceleratoren verstehen sich hierbei in Ergänzung zu den unter Human Accelerators genannten Aspekten und bauen aufeinander auf.[111]

---

[109] Vgl. Cohn (2005), S.27.
[110] Vgl. Winter (2002).
[111] Vgl. Leffingwell (2010), S.16.

3.1.4 Technology Accelerators

Die Faktoren Human und Requirements sind durch das übergeordnete Wertesystem in Agile begründet und für den Faktor Technology essentiell. Zum Verständnis lässt sich die Rangfolge der 3 Einflussfaktoren im Hinblick auf die Zielerreichung, der Entwicklung guter Software, etwa auf eine hierarchische Darstellung in Pyramiden-Form, abbilden.

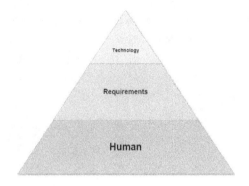

Abb.12: Accelerator-Pyramide

Im Rückblick auf die Stacey Complexity Matrix stellt sich nun die Frage, was aktiv getan werden kann, um den Grad der Sicherheit bezüglich der eingesetzten Technologien (Technology) zu verbessern? Welchen Beitrag kann die technische Komponente leisten, um Human- sowie Requirements-Accelerators zu unterstützen? Die verwendete Technologie innerhalb eines Entwicklungsprojektes folgt einem bestimmten Zweck. Sie dient in Summe dazu, den Menschen zu unterstützen und in Summe zu entlasten. Die Antwort liefert z.B. der Application Lifecycle und dessen Management.

Heutzutage werden Tool-Ketten über den ALM (Application Lifecycle Management) hinweg von einem speziellen Tool gesteuert, einer Art Hub[112]. Dieses Tool markiert den zentralen Einstiegspunkt, welcher gewöhnlich ebenfalls für den Workflow verantwortlich zeichnet oder als zentrales Dashboard fungiert. Dieser zentrale Einstiegspunkt besteht aus unterschiedlichen einzelnen Tools, die für sich autark arbeiten aber dennoch wissen, was die je-

---

[112]*Ein Knoten- bzw. Verbindungspunkt, vgl. Netzwerktechnik.*

weilige andere Einheit tut.[113] Man kann Tools als grobe Unterscheidung in lightweight- und heavyweight tools unterteilen. So wird Software dann als lightweight bezeichnet, wenn diese „out-of-the-box"[114] und mit wenig bis keinem Integrations-/Konfigurations-Overhead genutzt werden kann. Diese Art von Software ist flexibel einsetzbar, lässt sich leicht an sich ändernde Anforderungen anpassen und findet über die ganze Entwicklungskette hinweg Anwendung. Heavyweight tools hingegen sind standardisierte Lösungen, die relativ unflexibel auf ganzheitlicher Ebene eingesetzt werden. Selbstverständlich bestimmt der jeweilige Einsatzkontext, welcher dieser Tool-Typen Verwendung finden sollte; beide bergen ihre Vor- und Nachteile und sind je nach Kontext auch innerhalb des Application Lifecycle gegeneinander abzuwägen.

Das Selbstverständnis von Agile ist bis zu diesem Punkt folgendermaßen ausgelegt: es werden nicht nur passende Hilfsmittel bereitgestellt, die den Entwicklungsprozess bei mindestens gleichbleibendem Qualitätsanspruch beschleunigen und vereinfachen. Human-, Requirements- und Technology sind untrennbare Faktoren, die durchweg miteinander in Bezug stehen und aufeinander übergreifen.

Im folgenden letzten Abschnitt soll der technische Aspekt im Hinblick der bisher erarbeiteten Erkenntnisse betrachtet werden.

---

[113]*Die Anreicherung von Meta-Informationen ist hier hervorzuheben.*
[114]*Fertigprodukt, das sämtliche zur Lösung eines bestimmten Problems erforderlichen Mittel enthält, vgl. Duden.de (Out-of-the-box).*

4. Application Lifecycle Management

4.1 Begriffserklärung

Application Lifecycle Management (kurz: ALM) beschreibt die Koordination aller Disziplinen innerhalb des Entwicklungszyklus einer Software, inklusive dem Requirements-, Change-, Configuration-, Integration-, Release-, sowie Test-Management. *„When you see ALM from this perspective, it focuses on the life of an application or system in a production enviroment."*[115]

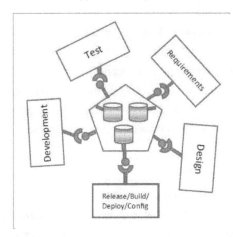

Abb.13: Modern ALM

ALM ist *„task-based"* - das bedeutet, dass durch Herunterbrechen aller Aktivitäten und Artefakte eine strukturierte Organisation ermöglicht wird, indem Verlinkung und Referenzierung den Entwicklungsprozess ganzheitlich nachvollziehbar macht. Auf diese Weise können alle Artefakte des Entwicklungsprozesses auf ihre anfänglichen Anforderungen auf denen sie basieren, zurückverfolgt werden. Die Beziehung zwischen unterschiedlichen Artefakt-Typen, inklusive Anforderungsdokumenten, Code-Artefakten und Build-Skripten, welche entweder vom Engineering-Prozess selbst genutzt oder produziert werden, können auf diese Weise berücksichtigt werden. Durch die Erweiterung von ALM um agile Konzepte und Inhalte, eröffnet sich für die Softwareentwicklung eine Fülle von Möglichkeiten, die auf den Grundsätzen des Vorgehensmodells Agile basiert: *„Agile ALM enriches ALM with Agile*

---

[115] *Rossberg (2014), S.18.*

strategies."[116] „The Agile ALM approach results in processes and lightweight toolchains that are flexible, open to change, and high quality. This approach helps to make the ALM more Agile [...]."[117] Agile ALM verhilft der Software-entwicklung dazu, Prozess-, Technologie-, sowie funktionale Barrieren zu überwinden, wie z.b. typische Rollen und organisationale Einheiten. Durch die Integration und Verwendung von lightweight tools, wird dem Entwick-lungsteam eine effizientere Zusammenarbeit ohne unnötige Barrieren ermög-licht. Erwähnenswert ist an dieser Stelle die besondere Möglichkeit der Traceability und Reproducibility[118] der Beziehung von gegebenen oder gene-rierten Artefakten. Software Engineering hat zum Ziel wertvolle Software zu ermöglichen und verfolgt auf diesem Weg eine kontinuierliche Steigerung der Produktivität[119] und Qualität – diesem Anspruch folgt selbstverständlich auch das ALM. Dies beinhaltet einerseits die Wiederverwendung von wohldefinier-ten Anforderungen aber auch Software-Komponenten. Nachfolgend ergibt sich diesbezüglich eine Fülle von interessanten Fragestellungen[120]:

- Wie können Aktivitäten beschleunigt und Fehlerquellen möglichst ausgeschlossen werden?
- Wie kann die teaminterne Kommunikation verbessert werden?
- Wie kann die Qualität der Software signifikant verbessert werden?
- Wie lässt sich der aktuelle Stand bezüglich der Qualität der entwickel-ten Software nachverfolgen?
- Welche Tools eignen sich durch die gegebenen Anforderungen und äußeren Rahmenbedingungen am besten?
- Wie interagieren die einzelnen Einheiten meiner Infrastruktur mitei-nander?
- Wie kann eine möglichst flexible Infrastruktur aufgesetzt werden, die die Assets[121] des eigenen Unternehmens schützt?
- Welche Änderungen (Anforderungen, Bugs) sind den jeweiligen Arte-fakten zugeordnet?

---

[116]Hüttermann (2012), S.3.
[117]ebd., S.4.
[118]Eine Eigenschaft die besagt, wie unter gleichbleibenden Eingangs- und Randbedingungen immer mit dem gleichen Ergebnis reagiert wird.
[119]Begründet durch sich ändernde Anforderungen und Komplexität, vgl. Schmelzer (2013), S. 53.
[120]Vgl. Hüttermann (2012), S. 7 f.
[121]Vermögenswerte, z.B. eines Unternehmens.

- Welche Änderungen sind den entsprechenden Builds/Releases zuzuordnen?

Um ALM, seine Features sowie Vorteile besser zu verstehen, soll nachfolgend in Kürze die natürliche Evolution der Softwareentwicklung im Hinblick auf ALM skizziert werden. Besonderen Fokus hat hier der Wandel vom Software Configuration Management bis hin zum ALM:[122] aus historischer Sicht ist Software-Engineering eine recht junge Disziplin, die in ihren Anfangstagen mehr die Auffassung eines *"Fabrik-Prozesses"* vertrat und weniger eine komplexe Aktivität, die auf das Implementieren von Geschäftszielen abzielte.[123] In den letzten Jahrzehnten entwickelte sich die Softwareentwicklung spürbar weiter, um die Tätigkeit der Entwickler zu vereinfachen und schließlich interne und externe Erfordernisse im Hinblick auf Produktivität und Qualität spürbar zu verbessern. Ein traditionell statischer sowie fragmentierter Entwicklungsprozess erschwerte bislang dem Entwicklerteam die kontinuierliche Nachvollziehbarkeit und Verbesserung der eigenen Arbeit. Diesem Problem begegnete in Folge das Software Configuration Management (SCM)[124]. Durch gezieltes Tracking und der Steuerung aller Änderungen einer Software vermag SCM den Entwicklungsprozess signifikant zu verbessern. Prozesse dieser Art werden gewöhnlich in Programmen zur Versionskontrolle (VCS[125]) implementiert. SCM macht Änderungen innerhalb des VCS sichtbar und reichert das System mit Meta-Informationen an, die gezielt Auskunft darüber geben warum die jeweilige Änderung durchgeführt wurde. Der Einsatz von baselines[126] und change sets[127] kann hierbei dem Entwicklungsprozess eine durchweg verbesserte Tracability ermöglichen und das Release Management[128] nachhaltig beschleunigen.

Die vielfältigen Mehrwerte eines SCM im Überblick[129]:

- Identifikation und Administration der Configuration Items

---

[122] Vgl. Rossberg (2014), S.21.
[123] Vgl. Abschnitt Agile – „industrielles Paradigma", S. 4.
[124] Vgl. Cagan (1995).
[125] Version Control System.
[126] Ausgangswert, Ausgangslage.
[127] Eine Menge von Änderungen, die aus einer Änderungsanforderung(Change Request) hervorgehen.
[128] Die Umsetzung einer erwarteten Anforderung an eine Veränderung in einem Prozess.
[129] Vgl. Hüttermann (2012), S. 8.

- Das Controlling, die Versionierung und die Auflösung von Konflikten zu Artefakten mit Einfluss auf das Release, welches sich innerhalb der Projektzeit ändern könnte

- Die Dokumentation von Änderungen aller Configuration Items sowie deren Reifegrad

- Unterstützung von Branching[130] und Merging[131]

- Konfiguration von Software zum Deployment auf unterschiedlichen Ziel-Umgebungen

- Funktionales Auditing[132], Reproducibility, Traceability, sowie Controlling von Dependenzen innerhalb der Configuration Items

- Früherkennung und Minimierung von qualitativ minderwertigen Builds

- Reduktion von Kommunikationsfehlern

- Historisierung von Builds und Releases zwecks Überprüfung von Problemen

- Eliminierung redundanter Aufgaben und Rationalisierung bestehender Prozesse

- Verbesserung der Effizienz während der Manipulation, dem Paketierung sowie der Distribution der Software

- Initiierung der Zugangskontrolle

- Einsparpotentiale in Zeit und Geld zur Kundenzufriedenheit

Funktionale Bestandteile eines SCM[133]:

- Configuration Identification: Auswahl und Identifikation aller Configuration Items zur Kontrolle, Überprüfung und Reporting von Änderungen

- Change Control: Kontrolle von Änderungen auf Configuration Items

- Configuration Audit: Korrektheit, Vollständigkeit und Konsistenz sichern, indem Configuration Items und verwandte Prozesse kontinuierlicher Prüfung unterliegen

---

[130] Die Duplikation eines Objektes innerhalb der Versionskontrolle, sodass in Folge Modifikationen parallel in beiden Branches durchgeführt werden können.
[131] Auch: Integration oder Zusammenführung von Objekten. Beispiel: werden zwei Branches zusammengeführt, so wird das Ergebnis eine einzige Sammlung von Daten sein, die beide Sets aus Änderungen enthält.
[132] Das Ziel ist die Bereitstellung einer unabhängigen Evaluation des Software-Produktes im Hinblick auf die tatsächliche Funktionalität und Performanz gegenüber den ursprünglichen Anforderungsspezifikationen.
[133] Vgl. Cagan (1995).

- Status Accounting: Status Report aller Configuration Items über den gesamten Lifecycle hinweg

Mit Hilfe von SCM werden inkrementelle Änderungen, sowie der Vergleich und die Analyse der Software bis in die Grundstruktur ermöglicht. Der Fokus liegt hierbei primär auf physischen Änderungen und nicht auf zweckmäßigen Änderungen des Inhalts (Geschäftsziele).[134]

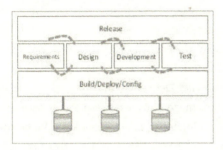

Abb.14: Früher SCM-Ansatz

Die Problematik bei diesem frühen SCM-Ansatz wird vor allem bei den Entwicklungsphasen wie Design und Entwicklung deutlich. Durch die nur unzureichenden Verbindungen untereinander (Abbildung 14: gepunktet Linien), entsteht bei diesem Ansatz das Problem, den gegenseitigen Status für jedes Tool auf einem einheitlichen Stand zu halten. Wie auf der Abbildung sichtbar, sind SCM Aktivitäten wie Build/Deploy orthogonal zu den zuvor genannten Phasen angeordnet und umspannen diese nur unzuverlässig. In den früheren Jahren der Softwareentwicklung bestand eine der großen Herausforderungen noch darin, dass das Team unabhängig an Software und den beteiligten Daten arbeitete (Konkurrierendes Arbeiten).[135]

Klassische Probleme hierbei:

- Double Maintenance Problem[136] (Wartbarkeit), das durch das Vorhandensein mehrerer koexistierender Software-Kopien entsteht.
- Shared Data Problem[137], dass durch den Zugriff und die Modifizierung derselben Daten bei mehrere Teilnehmer auftritt.

---

[134]Vgl. Vtt.fi (2003).
[135]Hüttermann (2012), S.9.
[136]Mehrere Personen arbeiten parallel an denselben Dateien. In Folge eine Konsequenz des Schutzes des Shared data problem.

- Simultaneous Update Problem, dass durch die Änderung einer bestimmten Software-Komponente bei mehreren Teilnehmern zur selben Zeit auftritt.

Zur Begegnung entsprechender Fallstricke stellen Database Management Systeme und Software zur Versionskontrolle ein nützliches Hilfsmittel dar. Heutzutage findet man solche Lösungen in ziemlich jeder Toolchain in Gebrauch. Zum genannten Zeitpunkt jedoch waren die effektive Beschleunigung des Entwicklungsprozesses und die Verbesserung der Traceability innerhalb der Softwareentwicklung nebst der Qualität herausfordernd. Es wurden folglich zahlreiche spezifische SCM-Strategien entwickelt und verfeinert, die auf unterschiedliche Weise zum Ziel hatten, den Engineering-Prozess zu optimieren. Das Hauptproblem lag darin, dass man sich ausschließlich auf die technischen Aspekte fokussierte, was auf Dauer keine Verbesserungen zur Qualität in der Entwicklung beitrug. Ebenso stellte das Nachvollziehen des Fortschrittes über den gesamten Entwicklungsprozess hinweg, inklusive allen Änderungen an Artefakten, dem Quellcode Design, sowie den Anforderungs-Dokumenten kein leichtes Unterfangen dar, weil dies typischerweise das Anlegen und Pflegen manueller Listen und den Zugang zu multiplen Daten-Repositorien voraussetzen würde. Die Schwierigkeit bei der Implementierung von SCM war die Menge an manueller Arbeit, die spezifisch notwendig wurde, um den aktuellen Status einer Software zu einem beliebigen gegebenen Zeitpunkt zu validieren. Technisches Release-Management ist eine explizit zeitaufwändige Aktivität. Die Lösung konzentrierte sich darauf, jeden Aspekt in SCM zu automatisieren, von Application Builds, über die Release Paketierung bis hin zum Deployment[138]. Der Release Management-Prozess sollte implizit sein, und sich unter Bezugnahme von integrierten Tools und Daten-Repositorien über alle Artefakt-Typen sowie Entwicklungsphasen hinweg, erstrecken. In Folge verbesserter Prozeduren für das Continuous Auditing und das Change Tracking, fanden sich Entwickler in einem mitunter eher integrierten Ansatz wieder, der von typischen Hindernissen frei war. Anstatt für jede organisationale Einheit die eigene Arbeit zu optimieren, wurden diese

---

[137]*Inkonsistenzen in Variablenbelegungen, beispielsweise durch nebenläufige Unterbrechungen.*
[138]*Softwareverteilung.*

Grenzen in einem barrierefreien Ansatz gebrochen und alle Stakeholder arbeiteten gemeinsam für das Unternehmen am Projekt. Erstmals wurde über den klassischen SCM hinaus, der erweitere Begriff des Application Lifecycle Management (ALM) verwendet. *„In my opinion, ALM is based on software configuration management (SCM). SCM in turn, is based on basic version control."*[139] Die Verwendung einer integrierten Toolchain ermöglicht es dem ALM die wohl größten Herausforderungen im Softwareentwicklungs-Prozess zu überwinden: technologische und funktionale Barrieren, die es durchweg erschweren, einen transparenten und konsistenten Entwicklungsprozess zu implementieren.

Charakteristisch[140] für ein ALM sind:

- **Collaboration**

Alle Teammitglieder sind stets über die Tätigkeiten der anderen Mitglieder informiert. Auf diese Weise können Entscheidungen getroffen werden, die den Fortschritt des gesamten Projekts optimal aufzeigen und somit fördern. Dies wird durch einen Fokus auf persönliche Interaktionen, dem Outside-In[141] Entwicklungsansatz, sowie der „task-based" unterstützten Entwicklung durch Tools, gewährleistet. Der Outside-In Prozess verdeutlicht, dass der Ort, an dem neues Wissen kreiert wird, nicht notwendigerweise mit dem Ort übereinstimmen muss, an dem Innovationen entstehen.[142]

- **Integration**

Das Erreichen von Geschäftszielen setzt eine Unternehmens-Infrastruktur mit integrierten Rollen, Teams, Workflows, und Repositorien voraus, die in die entsprechende Software-Lieferkette eingebunden sind. Es soll jedem teilnehmenden Mitglied ermöglicht werden überall über eine Verbindung (verteilt, geordnet) den Zugang zu den präferierten Informationen zu erhalten. Integration spielt auf unterschiedlichen Ebenen eine wichtige Rolle, unter anderem bei den Developer- und Integration Builds, und wird durch fortwährend umfassendes Testing über den Software-Lebenszyklus hinweg praktiziert.[143]

---

[139] *Hüttermann (2012), S. 3.*
[140] *Ebd. (2012), S. 6 f.*
[141] *Die Integration externen Wissens in den Innovationsprozess. Das Know-how der Lieferanten, Kunden und externer Partner soll genutzt werden, um die Qualität und Geschwindigkeit des Innovationsprozesses zu erhöhen.*
[142] *Vgl. Zhao (2004), S. 89 - 103.*
[143] *Integration dient in der Softwaretechnik zur Verknüpfung von verschiedenen Anwendungen.*

- **Automation**

Die Rationalisierung des vollständigen Software-Lebenszyklus basiert grundlegend auf einer end-to-end[144] Automatisierung. Beispielsweise werden durch eine Automatisierung mit Hilfe der entsprechenden Tools alle Schritte in einem Build, inklusive der Vorbereitung des Build Systems, der Anwendung der baselines auf das Source Control System, der Durchführung des Builds, dem Vollführen technischer und funktionaler Tests, sowie Acceptance Tests[145], der Paketierung, und dem Deploying sowie der Bereitstellung der Artefakte, erreicht.

- **Continuous Improvement**

Voraussetzung für die kontinuierliche Verbesserung ist, dass das Packetierung und die Auslieferung von Software die manuelle Arbeit minimieren. Es stellt darüber hinaus die ideale Ausgangssituation für die spätere IST-Analyse innerhalb des Entwicklungsprozesses dar. Generelle Projekttransparenz, Retrospektiven sowie ein umfassendes Testing erlauben beispielsweise eine kontinuierliche Verbesserung. Darüber hinaus kann sich zusätzlich eine gesunde Projektzeit-Balance durch Verteilung der Arbeit und Eliminierung von Work Peaks förderlich auf die kontinuierliche Verbesserung auswirken. Ein agiles ALM erweitert ein traditionelles ALM um agile Werte und Strategien. Mit einem Fokus auf Kommunikation und Kollaboration erfüllen ALM-Prozesse vorab die Voraussetzungen um agile Softwareentwicklung ideal zu unterstützen. Ein agiles ALM setzt das Hauptaugenmerk auf Human Interaction („Peopleware"), indem es durch den Einsatz agiler Strategien den kommunikativen Austausch und die Interaktion erhöht (z.B. durch Continuous Integration) und stets Wert gegenüber Aufwand abwägt. *„Agile ALM focuses on driving the process through people and not merely through tools."*[146] Die technische Infrastruktur wird entlang des ALM an geschäftlichen Aspekten und Werten ausgerichtet. Durch die Interaktion aus beiden Richtungen, "Business" und "Technik", können sich ergebende Problem- und Fragestellungen schnell und nutzerfreundlich beantwortet werden, was in Folge zu konkreten

---

[144] *End-to-end Prozesse bezeichnen die Betrachtung der Prozesse vom Kunden zum Kunden über alle Organisationseinheiten hinweg und ermöglichen die bereichsspezifische (Silo)-Sicht auf Prozesse in Unternehmen aufzubrechen.*
[145] *Das Testen der gelieferten Software durch den Kunden bzw. Auftraggeber. Der erfolgreiche Abschluss dieser Teststufe ist meist Voraussetzung für die rechtswirksame Übernahme der Software und deren Bezahlung.*
[146] *Hüttermann (2012), S.4.*

und positiven Ergebnissen führt: *„Consequently, you´ll reduce costs, boost your productivity, and accelerate your team´s collaboration."*[147]

Die konkreten Vorteile eines Agile ALM im Überblick:

- Durch die Verfolgung eines Agile ALM Ansatzes profitiert das Projekt durch eine Steigerung der Produktivität[148], die es ermöglicht Kosten niedrig zu halten, das Time-to-market[149] zu reduzieren, und den Return on Investment[150] (ROI) nachhaltig zu verbessern.

- Allen Stakholdern wird eine effizientere Kollaboration durch den vereinfachten Zugang zu benötigten Informationen ermöglicht. Echtzeit-Sichtbarkeit und Teilnahme am Prozess-Lebenszyklus sind Vorteile, die hierdurch resultieren.

- Der integrierte Ansatz führt zu einer Absicherung der Software-Assets, einer verbesserten Wiederverwendbarkeit, besserer Nachvollziehbarkeit der Anforderungen, saubererem Code sowie verbesserten Testergebnissen.

- Ein hoher Grad an Automation, nahtloser Integration, und Service-Orientierung führt zu einem erfolgreichen Projekt und einem geschärften Bewusstsein innerhalb des Teams.

Eine Agile ALM Lösung steuert nicht nur die einfache Versionierung der eigenen Source-Code-Files, sondern ermöglicht ebenfalls die Unterstützung für Continuous Integration und das Build Management. Des Weiteren kann das Endprodukt einfacher deployed werden, Approval-Prozesse werden bereitgestellt und komplexe Laufzeit-Abhängigkeiten können initiiert werden. *„Agile ALM tools have much more flexibility than the first-generation library tools that once enabled you to pump out a single software version at a time to a target library."*[151] In modernen Agile-Settings ist es möglich über den gesamten Software-Lebenszyklus hinweg zu Steuern und zu Tracken. Durch effektives und effizientes Tooling wird es zunehmend einfacher zu bestimmen, welche Anforderungen durch entsprechende Artefakte bereits implementiert sind. Artefakte können in wiederholter Ausführungsreihenfolge sowohl compiled als auch deployed werden. Durch Continuous Integration und

---

[147] *Edb., S.3.*
[148] *Vgl. Schmelzer (2013), S. 53.*
[149] *Die Zeit von der Entwicklung eines Produktes bis zu dessen Vermarktung.*
[150] *Return On Investiment.*
[151] *Hüttermann (2012), S.30.*

Audits kann der aktuelle Status der Entwicklung aufgezeigt und darüber hinaus Synchronisierungspunkte bestimmt werden. Dies geschieht jedoch nicht manuell – eine Toolchain verfolgt hier das Ziel sowohl das funktionale, als auch technische Release Management zu verbinden und zu integrieren.

Eine isolierte Standalone-Lösung, die sich wie ein Silo[152] verhält, indem nur reine Bruchteile der beteiligten Stakeholder zufriedengestellt werden, wird weder die Kollaboration, noch das time-to-market des Software-Produktes, verbessern. Selbstverständlich ist es ebenso möglich Tools auf erfolgreiche Art einzusetzen, ohne sie in ein Agile ALM Ecosystem[153] zu integrieren. Des Weiteren existieren viele gute Tools, darunter Marktführer im entsprechenden Feld, die ohne Wissen des Nutzers eine essentielle Rolle innerhalb einer Agile-Toolchain spielen könnten.

4.2 Best Practices im Einsatz

Der folgende Abschnitt behandelt zunächst Best Practices im Zusammenspiel aller zuvor besprochenen Komponenten, also die Aspekte Agile, Acceleration und ALM und führt dann zu einem exemplarischen Tool-Set aus dem Projektumfeld von Projekt X.

- Prozesse und Tools[154]:

Es ist darauf zu achten, dass die vorhandenen Prozesse und Tools kompatibel zueinander sind und sich eine Integration in die eigene Projekt-/Arbeitsumgebung ermöglichen lässt.

- Ausreichend Schulung:

Zur Beherrschung eines Tools bedarf es vorab einer ausreichenden Schulung. Ratsam ist aus diesem Grund vorab die Konsultierung des Herstellers oder alternativer Quellen zwecks Austausch und Training. Auf diese Weise können etwa zum Auswahl-Prozess der gewünschten Software Funktionalitäten identifiziert werden, die durch die bisherige Auswahl nicht abgedeckt waren.

---

[152]Innerhalb der Informationstechnologie beschreibt ein Silo etwa ein beliebiges System, dass nicht in der Lage ist mit einem anderen System zu interagieren, weil es vom Kontakt zu anderen System abgeschnitten ist.
[153]Das Umfeld eines Unternehmens mit seinen Kunden, Märkten und Wettbewerbern.
[154]Vgl. Rossberg (2014).

Die neu entstandenen Wissenslücken können auf diese Weise geschlossen werden um die persönliche Aufstellung so breit wie möglich zu halten.[155]

- Kontinuierliche Verbesserung:

Die Bezeichnung Continuos Improvement wird hier erneut aufgegriffen (siehe Abschnitt: ALM). Ergibt sich die Notwendigkeit vorhandene Prozesse und Tools innerhalb des Configuration Management zu ändern oder zu verbessern, sollte dieser Schritt Berücksichtigung finden. Schnellere Innovationszyklen machen diese Vorgehensweise zu einem bedeutenden Teil einer agilen Vorgehensweise. Es entpuppt sich nicht selten als lohnend, wenn neuere Technologien die alte entlastet, rationalisiert und vielleicht monetäre Einsparpotentiale eröffnet werden können.[156]

- Trouble Shooting:

Treten Probleme auf, sollten diese stets ganzheitlich und über den gesamten Application Lifecycle betrachtet werden. Zur idealen Begegnung zwecks Trouble Shooting kann auf eine kombinierte Lösung mit Change Management, Build Management sowie Problem Tracking zurückgegriffen werden. Dies eröffnet die Möglichkeit zur bestmöglichen Identifizierung und Definition von Lösungen von auftretenden Problemen. Beispielsweise wird es auf diese Weise möglich, nachzuvollziehen, welche Releases der Anwender installiert hat um diese anschließend mit der aktuellen Version in nur einem Klick zu vergleichen. Wenn die Anforderungen und das Testing durch einen integrierten Ansatz vom selben Management Tool behandelt werden (inklusive Repository) wie die Versionskontrolle und das Build Management, wird nicht nur eine vereinfachte Traceability erzielt, sondern ebenso keine parallele Koordination von Tools notwendig. Aus diesem Grund wird vorab eine einheitliche ALM-Lösung empfohlen.[157]

---

[155] Vgl. Crm-notizblog.de („Software-Schulung, eine Achillesferse? Tipps zur Software-Einführung").
[156] Vgl. Schmelzer (2013).
[157] Vgl. Rossberg (2014), S.21.

- Agile ALM:

Wie in den vergangenen Kapiteln behandelt, werden durch die Anreicherung von ALM um Agile diverse Mehrwerte geschaffen, wozu vorab der Begriff der kontinuierlichen Verbesserung verwendet wurde (Continuous Improvement). Der CM[158]- als auch der Entwicklungs- sowie der Projektmanagement-Prozess werden im Zeitverlauf agiler. Das bedeutet, dass auf das konzentriert werden kann, was gebraucht wird und wenn es benötigt wird. Es darf nicht zu Lasten der Qualität, Informationsdichte oder der Sicherheit priorisiert werden.

- Rollen-basierte Clienten:

Verwendung von Rollen-basierten Interfaces und Dashboards schaffen mehr Übersicht und sind aus Anwendersicht ein Mittel um Benutzerfreundlichkeit zu schaffen.

- Build Comparisons:

Unter Build Comparisons versteht man den Vergleich von Builds untereinander. Dieser Aspekt nimmt eine hohe Relevanz bei modernen CM-Umgebungen ein. Folgende Fragestellungen[159] können und sollten dabei adressiert werden:

  o Welche Probleme können durch das Upgrade auf ein neues Build gelöst werden?
  o Welche Änderung innerhalb des aktuellen Builds hat dazu geführt, dass ein zuvor funktionsfähiges Feature nicht mehr funktioniert?
  o Welche neuen Funktionalitäten werden im Vergleich zum letzten Release mit dem neuen Release geliefert?
  o Welche Änderungen haben gemeinhin dazu geführt, dass das Build nicht mehr funktioniert?
  o Welche Änderungen müssen im Repository des Anwenders bei Auslieferung eines neuen Builds getätigt werden?

---

[158]*Configuration Management.*
[159]*Vgl. Schmelzer (2013).*

Innerhalb eines Tools zur Versionskontrolle kann auf diese Weise aufgezeigt werden, welcher Code sich geändert hat. Nicht nur sind sie eine häufige und wichtige Unterstützung, denn sie ermöglichen das schnelle Reagieren auf Veränderungen.

- Sicherheit:

Regelmäßige Backups, Recovery-Optionen und allgemeine Strategien zur Verfügbarkeit (Availability) sollten im Hinblick auf den Aspekt Sicherheit besondere Aufmerksamkeit genießen. Hierbei sollte vorrangig dem Einfluss von „downtimes" [160] in komplexen Systemen eine besondere Bedeutung beigemessen werden. CM-tools sind in der Regel mit entsprechenden Strategien zum Backup und zur Wiederherstellung ausgestattet. Nachfolgend werden einige relevante Fragestellungen[161] diesbezüglich adressiert:

   o Benötigen Backups downtime? Beeinflusst dies sowohl die Verfügbarkeit von Updates und Query?

   o Nehmen Backups mit Zunahme der Größe des Repositories bedeutsam mehr Zeit in Anspruch und beeinflusst dies die Verfügbarkeit?

   o Wie schnell kann die Arbeitsumgebung wiederhergestellt werden, nachdem Gebrauch vom Backup gemacht wird?

   o Sind Backups die einzige vorhandene Strategie oder existieren noch weitere Möglichkeiten zur Recovery?

   o Wenn sich herausstellt, dass die vorhandenen Backups inkonsistent oder fehlerhaft sind, existieren weitere Möglichkeiten zur Abhilfe?

   o Gehen alle Transaktionen seit der Recovery verloren, wenn eine Recovery durchgeführt wird oder verbleibt es zunehmend schwierig diese wieder herzustellen?

- Test & Review

Test & Review bezeichnet hier das allgemeine Unit-Testing[162] sowie Peer Reviews[163] über die getätigten Änderungen. Entscheidend ist hier, was im

---

[160] Das Gegenteil von Verfügbarkeit.
[161] Vgl. Rossberg (2014).
[162] dt.: Komponententest oder Modultest genannt. Wird in der Softwareentwicklung angewendet, um die funktionalen Einzelteile von Programmen zu testen, d.h. sie auf korrekte Funktionalität zu prüfen, vgl. Link (2002).

46

CM-Repository abgelegt wird. Wenn Überflüssiges (waste) sich ansammelt, stehen dem Anwender viele Rollbacks und weitere CM-Administration gegenüber. Die Entwicklungs- sowie CM-Prozesse sollten beidem, dem Produkt sowie dessen Qualität, dienlich sein.[164] Die bis hier beschriebenen Best Practices stellen eine Sammlung von bisherigen Erfahrungen im Hinblick auf das reale Projektumfeld von Projekt X dar und zeigen richtungsweisend die relevanten Bereiche für die Arbeit mit einem ALM auf. Im folgenden Abschnitt soll exemplarisch auf Tools von Projekt X eingegangen werden - zur Übersichtlichkeit wird hierzu eine logische Trennung in die Bereiche Projekt-, Entwicklungs- sowie Testumgebung vorgesehen.

---

[163] *Eine Form von Software Review bei der ein Produkt (Dokument, Code) durch den Autor und weitere Kollegen begutachtet wird, um deren Inhalt auf Konsistenz und Qualität zu prüfen.*
[164] *Vgl. Noser Engineering AG (2013).*

4.2.1 Projektumgebung

Die nachfolgende Aufzählung in Projekt-, Entwicklungs- sowie Testumgebung entspricht den in Projekt X eingesetzten Tools. Es soll exemplarisch und analog zu den bisherigen Erkenntnissen dieser Ausarbeitung ein Einblick in die Infrastruktur eines agilen Softwareentwicklungs-Projektes gegeben werden.

Abb.15: Wissensmanagement – Foswiki(1)

Bei Foswiki (kurz für: Free and Open Source Wiki) handelt es sich um ein in Perl programmiertes strukturiertes Wiki, das zumeist als Kollaborationsplattform, Team-Portal/oder Wissensmanagementsystem in Unternehmens-Intranets eingesetzt wird. Die Software ist Open Source und unterliegt der GPL-Lizenz. Für Projekt X wird Foswiki allgemein als Plattform zum Wissensmanagement und zur Projektdokumentation verwendet.[165]

Abb.16: Wissensmanagement – Foswiki(2)

---

[165] Vgl. http://foswiki.org/.

SUBVERSION®

Abb.17: Zentrale Versionsverwaltung(1)

Zur Versionsverwaltung von Dateien sowie Verzeichnissen in Projekt X wird die freie Software Apache Subversion (SVN) genutzt. Die Funktionsweise in Kürze: in einem zentralen Projektarchiv erfolgt die Versionierung anhand einer einfachen Revisionszählung.

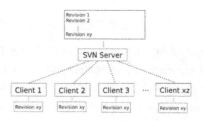

Abb.18: Zentrale Versionsverwaltung(2)

Abb.19: Projekt- & Build Management - Maven(1)

Apache Maven ist ein Tool zum Software Projektmanagement von Projekt X und automatisiert den Entwicklungs- und Deployment-Prozess sowie das Reporting.[166]

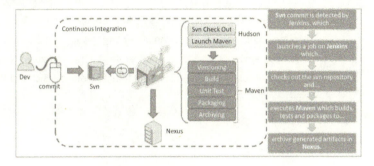

Abb.20: Projekt- & Build Management - Maven(2)

---

[166]Vgl. https://maven.apache.org/.

Abb.21: Repository-/Konfigurations-Management - Nexus(1)

Nexus ist ein sogenannter Repository-Manager für das Build-Tool Maven, und organisiert in Projekt X die Verwaltung von internen und externen Repositories, einschließlich des Maven Central Repositories. Damit bietet der Repository-Manager Zugriff auf Bibliotheken und Plug-Ins (sogenannte Artefakte), die für die Erstellung eines Builds benötigt werden. Der Zugriff auf und die Bereitstellung von Artefakten in der Organisation ist damit von einem einzigen System zu verwaltet[167] Der konkrete Unterschied zu SVN besteht darin, dass Nexus als Repository für Buildartefakte dient, die sich nicht ändern.

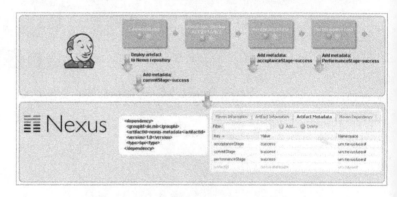

Abb.22: Repository-/Konfigurations-Management - Nexus(2)

---

[167] Vgl. http://www.sonatype.org/nexus/.

Abb.23: Continuous Integration - Jenkins(1)

Jenkins ist ein erweiterbares, webbasiertes Software-System, dass sinnbildlich durch seine Funktion als „Butler", zur Automatisierung verwendet wird. Man kann hierunter einen Scheduler für alle automatisierten Aufgaben verstehen, der zur kontinuierlichen Integration von Komponenten in Projekt X verwendet wird.[168]

Abb.24: Continuous Integration - Jenkins(2)

---

[168] Vgl. https://jenkins-ci.org/.

Abb.25: Bug Tracking - Bugzilla(1)

Projekt X verwendet Bugzilla, um Fehlermeldungen und Wünsche von Benutzern zu sammeln. Als freier webbasierter Bugtracker, dient dieses Werkzeug zur Verwaltung von Fehlermeldungen und Erweiterungswünschen in Softwareprodukten. Neben diesen Grundaufgaben dienen manche Installationen noch für den Aufruf, bestimmte Paketversionen zu testen oder den Fortschritt einer Aufgabe zu dokumentieren.[169]

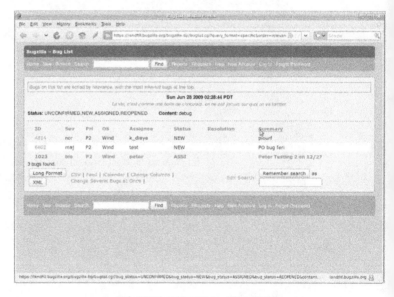

Abb.26: Bug Tracking - Bugzilla(2)

---

[169]Vgl. https://www.bugzilla.org/.

53

Abb.27: Test-Management - Testlink(1)

Testlink ist ein web-basiertes Test Management System, welches den Zweck verfolgt, die Qualität von Projekt X zu fördern und zu gewährleisten. Die Plattform selbst bietet Support für Test Cases, Test Suites, Testpläne, Test-projekte und das allgemeine User Management, sowie diverse Reports und Statistiken.[170]

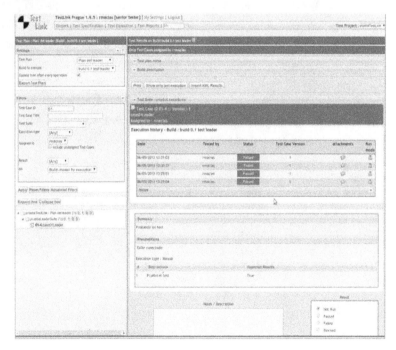

Abb.28: Test-Management - Testlink(2)

---

[170]Vgl. http://testlink.org/.

4.2.2 Entwicklungsumgebung

Abb.29: Eclipse Mylyn(1)

Elipcse ist ein quelloffenes Programmierwerkzeug zur Entwicklung von Software verschiedenster Art. Mylyn ist sowohl ein Eclipse-Plugin als auch ein Application Lifecycle Management Framework für Eclipse, das eine „aufgabenfokussierte" (task-focused UI) Benutzeroberfläche anbietet. Damit ist gemeint, dass einzelnen Entwicklungsdokumenten (Dateien, Klassen usw.) Aufgaben zugeordnet und daraus automatisch aufgabenspezifische Sichten erzeugt werden, die nur diese Dokumente enthalten. Dies dient in erster Linie dazu, um dem Softwareentwicklern in Projekt X die Arbeit zu erleichtern, weil der gerade relevante Teil sichtbar gemacht werden kann, während Nicht-Benötigtes (visuelles Rauschen) ausgeblendet wird. [171]

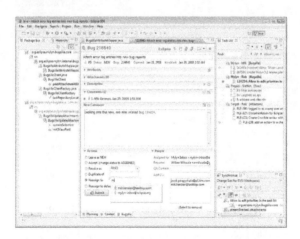

Abb.30: Eclipse Mylyn(2)

---

[171] Vgl. *http://www.eclipse.org/mylyn/.*

Abb.31: Versionskontrolle - Tortoise(1)

Für die Verwendung von Subversion wird die Nutzung eines Client, etwa die von Tortoise SVN, empfohlen. Dieser ermöglicht es, alle Änderungen an Dateien, die im Laufe der Zeit gemacht wurden, lokal zurückzuverfolgen und wiederherstellen zu können. In Projekt X wird Tortoise genutzt, um Zugriff auf das Dokumenten-Repository zu erhalten. Dort liegen überwiegend Binär-Dateien (Word-Excel, Powerpoint,...). Aus diesem Grund wird der Lock-Mechanismus von Tortoise für alle Dateien im Dokumenten-SVN verwendet. Locking wird bei SVN auf Datei-Basis konfiguriert, indem jeder Datei, die zum SVN hinzugefügt wird, eine spezielle Property gesetzt wird. Auf diese Weise kann folglich ein Lock erzwungen werden.[172]

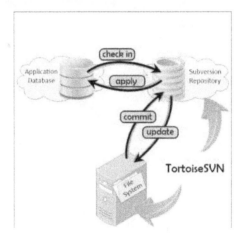

Abb.32: Versionskontrolle - Tortoise(2)

---

[172] Vgl. http://tortoisesvn.net/index.de.html.

4.2.3 Testumgebung

Als Testumgebung von Projekt X wird der IBM Rational Application Developer genutzt. Diese integrierte Entwicklungsumgebung wird für die Entwicklung und Analyse von Web-, Webservices- und Portalanwendungen verwendet. Darüber hinaus ist es eine Eclipse-basierte integrierte Entwicklungsumgebung, die den Java-Entwicklern von Projekt X beim Design, der Entwicklung und der Bereitstellung ihrer Java-Anwendungen hilft. Es beinhaltet spezialisierte Assistenten, Editoren und Validatoren für verschiedene Technologien sowie Tools zur Qualitätssicherung des Codes – statische und dynamische Codeanalyse, Java Profiling sowie Line Code Coverage.[173]

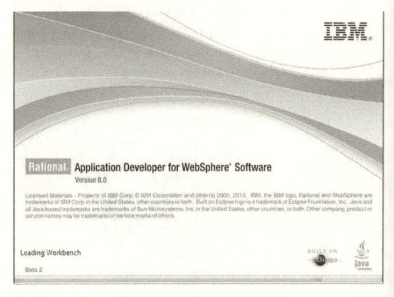

Abb.33: Testumgebung – IBM RAD

---

[173] Vgl. https://www.ibm.com/developerworks/downloads/r/rad/.

4.2.4 Tools

Abb.34: Business Process Modeling – Enterprise Architect(1)

Der Enterprise Architect(EA) wird in Projekt X zur Erstellung von UML-Diagrammen verwendet, z.B. in Klassendiagrammen und ER-Diagrammen.[174]

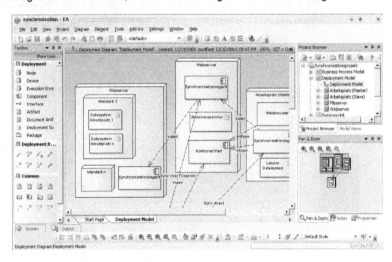

Abb.35: Business Process Modeling – Enterprise Architect(2)

---

[174] Vgl. *http://www.sparxsystems.de/start/startseite/*.

Abb.36: Security-/Password-Manager(1)

KeyPass ist ein kostenloser Open-Souce Password-Manager, der es möglich macht, die eigenen Passwörter in Projekt X auf sichere Art zu managen. Beispielsweise können alle Passwörter in einer Datenbank abgelegt werden, die dann wiederum durch einen Master Key oder ein Key File verschlossen wird. Die erwähnte Datenbank ist durch einen der aktuell sichersten Verschlüsselungs-Algorithmen verschlüsselt (AES und Twofish).[175]

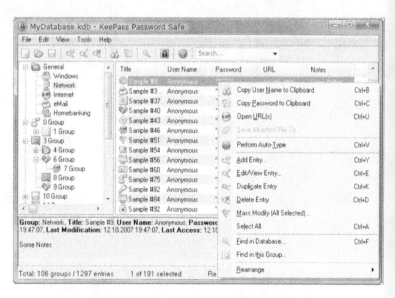

Abb.37: Security-/Password-Manager(2)

---

[175]Vgl. http://keepass.info/.

4.4 Das Ideale Tool-Set

Die Frage nach einem idealen Tool-Set für die Agile Softwareentwicklung ist mehr als individuell zu betrachten. So richtet sich die Auswahl eines Tools und die Einbettung in ein Set von Tools primär nach den zugrundeliegenden Anforderungen. Das Verständnis des Gesamtprozesses sowie der Status von Projekt und Artefakten werden zu einem notwendigen Teil der Arbeitsko-ordination. Tools, die hierbei nahtlos integriert sind, tragen zu nennenswerten Mehrwerten für das Endsystem bei. Dies kann z.b. je nach Kontext, eine out-of-the-box suite sein, die dem individuellen Kontext am besten angepasst ist. Möglich ist auch eine individuelle Zusammenstellung, die auf flexible Weise den Fokus durch einzelne Tools auf spezielle Aufgaben lenkt und sich ohne besonderen Aufwand in eine bestehende Infrastruktur integrieren lässt. Wichtig ist zu betonen, dass die verwendeten Tools alleine nicht den Erfolg bringen, sondern die richtigen Tools unter Berücksichtigung des entsprechenden Gesamtkontext eingesetzt werden. Mit zunehmender Komplexität wird einerseits der Fokus auf die Integration notwendig, wobei die Kommunikation erschwert wird wenn Wissen aus Informationen und Informationen aus Daten aggregiert werden. Um deshalb den vollständigen Prozess in seiner komplexen Form zu prüfen und zu reproduzieren, wird die Berücksichtigung aller Stakeholder, Workflows und Konfigurations-Items über einen end-to-end Ansatz notwendig. Entsprechend integrierte toolchains[176], die sich aus best-of-breed tools[177] zusammensetzen, kommen diesem Bedarf nach. Berücksichtigt werden muss im Hinblick auf ein Tool-Set auch stets die Verbindung aller Accelerator-Typen, z.B. in der hier dargestellten bottom-up Sichtweise (siehe Abbildung 12: Accelerator-Pyramide). Für Projekt X ergibt sich deshalb die folgende Überlegung: die verwendeten Komponenten werden nach den Erfordernissen eines komplexen Softwaresystems für Steuerangelegenheiten ausgesucht und angepasst. Im Hinblick auf die Vollständigkeit sind Tools zum Design, Requirements, Development, Test sowie des zusammengefassten Blocks Release/Build/Deploy/Config enthalten. Damit entspricht das Tool-Set der klassischen Definition eines ALM. Spezifisch werden darüber hinaus Tools zum Wissensmanagement und ein weiteres Tool zum Management

---

[176]*Eine in der Softwareentwicklung verwendete Bezeichnung für eine systematische Sammlung von Werkzeug-Programmen, welche zur Erzeugung eines Produktes Verwendung findet.*
[177]*Bezeichnet eine Philosophie, für jeden Anwendungsbereich von Enterprise Software die bestmögliche Lösung zu finden und zu integrieren.*

von Passwörtern berücksichtigt. Durch die individuelle Zusammenstellung der Tools kann indessen trotz allem die Nutzbarkeit und eine Nachvollziehbarkeit, die nach den gegebenen Ansprüchen des agilen Vorgehensmodells zur Tracability, Visibility und Prozess-Automation entsteht, gewährleistet werden. So lassen sich Subversion, Maven, Jenkins und Nexus in ihrem Nutzen als Tool-Kette auffassen. Daneben dienen Tools wie Eclipse der Entwicklung, sowie Testlink, Bugzilla und die Testumgebung IBM RAD dem Testing und der Enterprise Architect dem Design sowie den Requirements.

> AGILE   > ACCELERATION   > ALM

5. Fazit & Ausblick

Das vorliegende Praxisprojekt hat im Ergebnis gezeigt, dass die Auswahl des Tool-Set direkt auf die menschliche Komponente zurückzuführen ist, indem sich aus genutzter Technologie Anforderungen und diese aus den Erfordernissen des Menschen abzuleiten sind. Agile bringt diese generelle Sichtweise für das Wesentliche zusammen, indem die besondere Forderung nach mehr Transparenz durch Visibility, Traceability, Kontinuität und Prozess-Automation gewürdigt wird. Zwar gibt es Tendenzen, die sich stark in die Richtung eines ALM-Hubs bewegen, jedoch sollte die Auswahl der eingesetzten Komponenten sich nach dem Gesamtkontext richten. Im Weiteren Sinne stellt diese Ausarbeitung die Grundlage für die Bachelor-Thesis dar, die ebenfalls im agilen Kontext angesiedelt ist. Durch die Einführung des Agile Vorgehensmodells sowie der Nutzung von Accelerators, sollen im Folgenden die Einflussfaktoren für Team Capability Acceleration in Agilen Teams untersucht werden. Es gilt auf Basis der Erkenntnisse mit Bezug zu Kennzahlen Erfolgsfaktoren ausfindig zu machen und die Einflussfaktoren der Zusammenarbeit bzw. Arbeitsgeschwindigkeit zu identifizieren. Abschließend soll der Frage nachgegangen werden, wie diese Einflussfaktoren gemessen und gesteuert werden können. Die gewonnen Erkenntnisse dieser Ausarbeitung legen hierzu die Basis.

Anhang

Literaturverzeichnis

Beck (2004): Beck, Kent: Extreme Programming Explained. Embrace Change, Addison-Wesley Longman, 2. Auflage, Amsterdam, 16. November 2004.

Cagan (1995): Cagan, Martin: Untangling Configuration Management, In: Jacky Etublier (Hrsg.): Software Configuration Management: Icse Scm-4 and Scm-5 Workshops: Selected Papers, Springer-Verlag, London, 1995.

Cobb (2015): Cobb, Charles G.: The Project Manager´s Guide To Mastering Agile – Principles And Practices For An Adaptive Approach, Wiley, 2015.

Cockburn (1999): Cockburn, Alistair: Paper „Characterizing people as non-linear, first order component in software development", Juli 1999.

Cohn (2005): Cohn, Mike: Agile Estimating and Planning, Pearson Education, First printing, Oktober 2005.

Cohn (2010): Cohn, Mike: Succeeding With Agile, Addison Wesley, 2. Auflage, Januar 2010.

Forrester Research (2012): Forrester Research, Inc (Hrsg.): State of Agile Survey 2012 (Stand: 30.12.2015).

Gell-Mann (1994): Gell-Mann, Murray: Das Quark und der Jaguar. Vom Einfachen zum Komplexen – Die Suche nach einer neuen Erklärung der Welt, Piper, München, 1994.

Gloger (2011): Gloger, Boris: Scrum. Produkte zuverlässig und schnell entwickeln, Hanser Verlag, 3. Auflage, München, 2011.

Greenleaf (1976): Greenleaf, R.K.: Servant leadership: A journey into the nature of legitimate power and greatness, Paulist Press, New York, 1976.

Hüttermann (2012): Hüttermann, M.: Agile ALM – Lightweight tools and agile strategies, MANNING Publications Co., 2012.

Leffingwell (2010): Leffingwell, Dean: Agile Software Requirements: Lean Requirements Practices for Teams, Programs, and the Enterprise (Agile Software Development Series), Addison-Wesley Professional, 1. Edition, 27. Dezember, 2010.

Leybourn (2013): Leybourn, E.: Directing the Agile Organisation: A Lean Approach to Business Management, IT Governance Publishing, London, 2013.

Link (2002): Link, J.; Fröhlich, P.: Unit Tests mit Java. Der Test-First-Ansatz, dpunkt.verlag, 2002.

MacInnes (2002): MacInnes, Richard L.: The Lean Enterprise Memory Jogger, Goal/QPC, Auflage: Spi, Oktober 2002.

Pixton(2014): Pixton, Pollyanna; Gibson, Paul; Nickolaisen, Niel: The Agile Culture – Leading Through Trust And Ownership, Addison-Wesley, 1. Auflage, Februar 2014.

Rasmusson (2010): Rasmusson, Jonathan: The Agile Samurai – How Agile Masters Deliver Great Software, Wiley, 1. Auflage, 5. Oktober 2010.

Rausch (2007): Rausch, Andreas; Broy, Manfred: Das V-Modell XT – Grundlagen, Erfahrungen und Werkzeuge, dpunkt.verlag, Heidelberg, 2007.

Rossberg (2014): Rossberg, Joachim: Beginning Application Lifecycle Management, Apress, 2014.

Schmelzer (2013): Schmelzer, H.J.; Sesselmann, W.: Geschäftsprozessmanagement in der Praxis: Kunden zufrieden stellen – Produktivität steigern – Wert erhöhen, Hanser Verlag, 2013, S. 53.

Schneider (2011): Schneider, Gabriel; Vecellio, Silvio: ICT-Systemabgrenzung, Anforderungsspezifikation und Evaluation: Grundlagen zur Initiierung und Steuerung von ICT-Projekten mit Beispielen, Fragen und Antworten, Compendio Bildungsmedien, 1. Auflage, 26. Oktober 2011.

Schwaber (2013): Schwaber, Ken; Sutherland, Jeff: Scrum Guide, URL: scrumguides.org. Version 2013.

Shore (2007): Shore, James; Warden, Shane: The Art Of Agile Development, O´Reilly and Associates, 1. Auflage, November 2007.

Smith (2009): Smith, Greg; Sidky, Ahmed: Becoming Agile in an imperfect world, MANNING Publications Co., 2009.

Stacey (1992): Stacy, Ralph Douglas: Managing the Unknowable: The Strategic Boundaries Between Order and Chaos, Jossey Bass, San Francisco, 1992.

Stacey (1996): Stacey, Ralph Douglas: Complexity and Creativity in Organisations, Berret-Koehler, San Francisco, 1996.

Stacey (2002): Stacey, Ralph Douglas – Source: Stacey RD. Strategic management and organisational dynamics: the challenge of complexity, Harlow: Prentice Hall, 3. Edition, 2002.

Standish Group (1995): The Standish Group International, Inc. (Hrsg.), Standish Chaos Report 1995 (Stand: 28.12.2015).

Standish Group (2011): The Standish Group International, Inc. (Hrsg.), Standish Chaos Report 2011 (Stand: 28.12.2015.

Nonaka (1986): Nonaka, Ikujirō; Takeuchi, Hirotaka: The new new product development game, Harvard Business Review, 64:1:137-146(Jan/Deb), reprint no. 86116, 1986.

Office of Naval Research, Dept. Of the Navy (1956): United States. Navy Mathematical Computing Advisory Panel.: In: Office of Naval Research, Dept. of the Navy

(Hrsg.): Symposium on advanced programming methods for digital computers, Washington, D.C., 26. Juni, 1956.

VersionOne (2013): VersionOne, Inc (Hrsg.): State of Agile Survey 2013, URL: *URL: https://www.versionone.com/pdf/2013-state-of-agile-survey.pdf (Stand: 28.12.2015).*

Verheyen (2013): Verheyen, G.: Scrum – A Pocket Guide, A Smart Travel Companion, Van Haren Publishing, 2013.

Vogel (2009): Vogel, O.; Arnold, I.; Chughtai, A.; Ihler, E.; Kehrer, T.; Mehlig, U.; Zdun, U.: Software-Architektur: Grundlagen Konzepte – Praxis, Spektrum – Akademischer Verlag, 2. Auflage, 2009.

Vogt (1940): Vogt, Joseph: Das Reich, Festschrift für J. Haller zum 75. Geburtstag, Stuttgart 1940, S. 21.

Winter (2002): Winter, Bob: Agile Performance Improvement – The New Synergy of Agile and Human Performance Technology, ca.technologies, 2002.

Wolf (2005): Wolf, Henning; Roock, Stefan; Lippert, Martin: eXtreme Programming – Eine Einführung mit Empfehlungen und Erfahrungen aus der Praxis, dpunkt.verlag, 2005.

Wolf (2011): Wolf, Henning; Bleek, Wolf-Gideon: Agile Softwareentwicklung: Werte, Konzepte und Methoden, dpunkt.verlag, 2. Auflage, 2. Dezember 2011.

Zhao (2004): Zhao, L.; Deek, F.: User Collaboration in Open Source Software Development, Electronic Markets, Vol. 14, No. 2, 2004, S. 89-103.

Literaturverzeichnis: Online

AgileManifesto.org (2001): Beck, Kent & Co. (Hrsg.): Manifesto for Agile Software Development, URL: *http://agilemanifesto.org/iso/de/ (Stand: 21.08.2015).*

AgileManifesto.org/principles (2001): Beck, Kent & Co. (Hrsg.): Manifesto for Agile Software Development, URL: *http://agilemanifesto.org/principles.html (Stand: 13.10.2015).*

AgileAlliance.org: Agile Alliance (Hrsg.) (o.J.), Definition of done, URL: *http://guide.agilealliance.org/guide/definition-of-done.html (Stand: 20.08.2015).*

Noser Engineering AG (2013): Noser Engineering AG (Hrsg.) 2013: ALM: Unit-Tests and TDD (Test Driven Development), URL: *http://blog.noser.com/alm-unit-tests-tdd-test-driven-development/ (Stand: 20.12.2015).*

Boschrexroth (2014): Bosch Rexroth AG (Hrsg.) 2014, Time-to-Market, URL: *http://www.boschrexroth.com/de/de/trends-und-themen/directions/page6-137# (Stand: 20.08.2015).*

Capgemini.com (2012): Capgemini, Gunther Verheyen (Hrsg.) 2012, To Shift Or Not To Shift (the industry paradigm), URL: *https://www.capgemini.com/blog/capping-it-off/2012/04/to-shift-or-not-to-shift-the-software-industry-paradigm (Stand: 13.10.2015).*

CIO.de (2014): IDG Business Media GmbH (Hrsg.) 2014, Fehlerkultur, URL: http://www.cio.de/a/keine-angst-vor-scrum,2956185,3 *(Stand: 30.09.2015).*

Computer-Automation.de: WEKA FACHMEDIEN GmbH (Hrsg.) (o.J), Reproduzierbarkeit, URL: *http://www.computer-automation.de/lexikon/?s=2&id=10099&page=0&search=Reproduzierbarkeit (Stand: 20.08.2015).*

Crm.notizblog.de: 1A Relations GmbH (Hrsg.) (o.J), URL: *http://www.crm-notizblog.de/software-schulung-eine-achillesferse-tipps-zur-software-einfuehrung/ (Stand: 20.12.2015).*

Duden.de: Bibliographisches Institut GmbH (Hrsg.) (o.J.), Out-of-the-box, URL: *http://www.duden.de/rechtschreibung/Out_of_the_box_Loesung (Stand: 20.08.2015).*

Duden.de: Bibliographisches Institut GmbH (Hrsg.) (o.J.), Agil, URL: *http://www.duden.de/node/651087/revisions/1338268/view (Stand: 28.12.2015).*

Enzyklopaedie-der-wirtschaftsinformatik.de (2013): Prof. Dr.-Ing. Norbert Gronau, Lehrstuhl für Wirtschaftsinformatik und Electronic Government, Universität Potsdam (Hrsg.) 2013, Dr. Marco Kuhrmann, Technische Universität München, Institut für Informatik, Agile Vorgehensmodelle, URL: *http://www.enzyklopaedie-der-wirtschaftsinformatik.de/wi-enzyklopaedie/lexikon/is-management/Systementwicklung/Vorgehensmodell/Agile-Vorgehensmodelle/index.html (Stand: 20.12.2015).*

Enzyklopaedie-der-wirtschaftsinforma-tik.de (2013): Prof. Dr.-Ing. Norbert Gronau, Lehrstuhl für Wirtschaftsinformatik und Electronic Government, Universität Potsdam (Hrsg.) 2013, Prof. Dr. Georg Herzwurm, Universität Stuttgart, Betriebswirtschaftliches Institut, Qualitätsmerkmale von Software, URL: *ttp://www.enzyklopaedie-der-wirtschaftsinformatik.de/lexikon/is-management/Systementwicklung/Management-der-Systementwicklung/Software-Qualitatsmanagement/Qualitatsmerkmale-von-Software/index.html (Stand.20.12.2015).*

Enzyklopaedie-der-wirtschaftsinforma-tik.de (2014): Prof.Dr.-Ing. Norbert Gronau, Lehrstuhl für Wirtschaftsinformatik und Electronic Government, Universität Potsdam (Hrsg.) 2014, Prof. Dr. Natalia Kliewer, Freie Universität Berlin, Insitut für Wirtschaftsinformatik, Komplexitätstheorie, URL: *http://www.enzyklopaedie-der-wirtschaftsinformatik.de/lexikon/technologien-*

methoden/Informatik--Grundlagen/Komplexitatstheorie (Stand.26.12.2015).

Gartner.com (2013): Gartner, Inc. (Hrsg.) 2013, Best-of-breed, URL: *http://www.gartner.com/it-glossary/best-of-breed (Stand: 20.08.2015).*

Gi.de (Gesellschaft für Informatik): Gesellschaft für Informatik (Hrsg.) (o.J.), Ralf Reißling, Universität Stuttgart, Institut für Informatik, URL: *https://www.gi.de/index.php?id=647&tx_ttnews%5Btt_news%5D=40&cHash=48ac0306 1448868836b77b9474023d4d (Stand: 28.12.2015).*

Innovation-hat-methode.de (Industrie- und Handelskammer): Industrie- und Handelskammer Reutlingen (Hrsg.) (o.J.), Methoden für Software- und Systemengineering, URL: *http://www.innovation-hat-methode.de/index.php?option=com_content&view=article&id=5&Itemid=116 (Stand: 28.12.2015).*

Iso.org (2011): ISO (Hrsg.) 2011, Tracability, URL: *https://www.iso.org/obp/ui/#iso:std:iso:15378:ed-2:v1:en:term:3.63 (Stand 20.08.2015).*

IT-agile.de: It-agile GmbH (Hrsg.) (o.J.), URL: http://www.it-agile.de/wissen/methoden/vorteile-agiler-methoden/ *(Stand 20.08.2015).*

Linguee.de: Linguee Wörterbuch (Hrsg.) (o.J.), URL: *http://www.linguee.de/englisch-deutsch/uebersetzung/baseline.html (Stand: 20.07.2015).*

PM-aktuell.org (2013): GPM Deutsche Gesellschaft für Projektmanagement e.V. (Hrsg.) 2013, URL: *http://www.pmaktuell.org/uploads/PMAktuell-201301/PMAktuell-201301-033-Public.pdf (Stand:29.12.2015).*

Pons.com: PONS GmbH (Hrsg.) (o.J.), URL: *http://de.pons.com/%C3%BCbersetzung?q=asset&l=deen&in=&lf=de (Stand: 20.07.2015).*

ScrumAlliance.org (Agile requirements definition and management): Scrumalliance.org (Hrsg.) (o.J.), URL: *https://www.scrumalliance.org/community/articles/2012/february/agile-requirements-definition-and-management (Stand: 30.12.2015).*

Scrum-kompakt.de (2015): Scrum-kompakt.de (Hrsg.) 2015, URL: *http://www.scrum-kompakt.de/grundlagen-des-projektmanagements/extreme-programming-xp/ (Stand: 20.08.2015).*

Vtt.fi (2003): VTT PUBLICATIONS 514 (Hrsg.) (2003), Software Configuration Management, URL: *http://www.vtt.fi/inf/pdf/publications/2003/P514.pdf (Stand: 25.09.2015).*

Wirtschaftslexikon-gabler.de: Springer Gabler | Springer Fachmedien Wiesbaden GmbH (Hrsg.) (o.J.), Prof. Dr. Wolfgang Breuer; Prof. Dr. Claudia Breuer, URL: http://wirtschaftslexikon.gabler.de/Archiv/798/rentabilitaet-v13.html *(Stand: 20.08.2015).*

Abbildungsverzeichnis: Quellen

Abbildung 1: Agile characteristics
Quelle: Verheyen, G.: SCRUM – A Pocket Guide, A Smart Travel Companion, Van Haren Publishing, 2013, S. 15.

Abbildung 2: The industrial paradigm
Quelle: Verheyen, G.: SCRUM – A Pocket Guide, A Smart Travel Companion, Van Haren Publishing, 2013, S. 13.

Abbildung 3: Open loop system
Quelle: Verheyen, G.: SCRUM – A Pocket Guide, A Smart Travel Companion, Van Haren Publishing, 2013, S. 68.

Abbildung 4: Standish Chaos Report
Quelle: Standish Chaos Report 2011.

Abbildung 5: The house of Scrum
Quelle: https://www.capgemini.com/sites/default/files/technology-blog/files/2012/04/The-House-of-Scrum-values.png, Abgerufen am 25 September 2015.

Abbildung 6: The Scrum Gameboard
Quelle: Verheyen, G.: SCRUM – A Pocket Guide, A Smart Travel Companion, Van Haren Publishing, 2013, S. 47.

Abbildung 7: Scrum flow
Quelle: Verheyen, G.: SCRUM – A Pocket Guide, A Smart Travel Companion, Van Haren Publishing, 2013, S. 51.

Abbildung 8: Closed loop system
Quelle: Verheyen, G.: SCRUM – A Pocket Guide, A Smart Travel Companion, Van Haren Publishing, 2013, S. 69.

Abbildung 9: Schematische Verflechtung
Quelle: https://www.safaribooksonline.com/library/view/lean-from-the/9781941222935/images/Agile-lean-nutshell/Scrum-XP-compressed.png, Abgerufen am 29.09.2015.

Abbildung 10: The magic barrel
Quelle: Hüttermann, M.: Agile ALM – Lightweight tools and agile strategies, MANNING Publications Co., 2012, S. 37.

Abbildung 11: Stacey Complexity Matrix
Quelle: Stacey, Ralph Douglas - Source: Stacey RD. Strategic management and organisational dynamics: the challenge of complexity. 3rd ed. Harlow: Prentice Hall, 2002.

Abbildung 12: Accelerator-Pyramide
Quelle: Eigenkreation.

Abbildung 13: Modern ALM
Quelle: Hüttermann, M.: Agile ALM – Lightweight tools and agile strategies, MANNING Publications Co., 2012, S. 13.

Abbildung 14: Früher SCM Ansatz
Quelle: Hüttermann, M.: Agile ALM – Lightweight tools and agile strategies, MANNING Publications Co., 2012, S. 9.

Abbildung 15: Wissensmanagement – Foswiki(1)
Quelle: http://foswiki.org/pub/System/ProjectLogos/foswiki-logo-large.png, Abgerufen am 25 September 2015.

Abbildung 16: Wissensmanagement – Foswiki(2)
Quelle: http://foswiki.org/pub/Extensions/KinoSearchContrib/KinoSearchResult.jpg, Abgerufen am 25. September 2015.

Abbildung 17: Zentrale Versionsverwaltung(1)
Quelle: https://subversion.apache.org/images/svn-name-banner.jpg, Abgerufen am 20 Oktober 2015.

Abbildung 18: Zentrale Versionsverwaltung(2)

Quelle: https://de.wikipedia.org/wiki/Apache_Subversion#/media/File:SVNvsGITServer_1.png, Abgerufen am 20 Oktober 2015.

Abbildung 19: Versionskontrolle – Tortoise(1)
https://www.proggen.org/lib/exe/fetch.php?media=svn:tortoisesvn_logo_hor468x64.png, Abgerufen am 25 September 2015.

Abbildung 20: Versionskontrolle – Tortoise(2)
Quelle: https://www.simple-talk.com/iwritefor/articlefiles/1778-domain%20coverage-a8c2b3b4-ae03-4dee-b76d-fc4ea5d8790e.jpg, Abgerufen am 12 Oktober 2015.

Abbildung 21: Projekt- & Build Management – Maven(1)
Quelle: http://www.it-adviser.net/wp-content/uploads/2013/11/maven-logo.png, Abgerufen am 25. September.

Abbildung 22: Projekt- & Build Management – Maven(2)
Quelle: http://blog.octo.com/wp-content/uploads/2011/09/CI_Detailed.png, Abgerufen am 25. September.

Abbildung 23: Repository-/Konfigurations-Management – Nexus(1)
Quelle: http://blog.sonatype.com/wp-content/uploads/2010/01/nexus-small.png, Abgerufen am 25. September.

Abbildung 24: Repository-/Konfigurations-Management – Nexus(2)
Quelle: https://blog.codecentric.de/files/2012/08/jenkinsNexus.png, Abgerufen am 25. September.

Abbildung 25: Continuos Integration – Jenkins(1)
Quelle: https://upload.wikimedia.org/wikipedia/commons/thumb/e/e3/Jenkins_logo_with_title.svg/250px-Jenkins_logo_with_title.svg.png, Abgerufen am 25. September.

Abbildung 26: Continuos Integration – Jenkins(2)
Quelle: http://4.bp.blogspot.com/-DRBmWNMWO54/T_VrEO5M9BI/AAAAAAAAAQk/YdVM3dOkWR0/s1600/JenkinsDashboard.png, Abgerufen am 25 September.

Abbildung 27: Bug Tracking – Bugzilla(1)
Quelle: http://securityaffairs.co/wordpress/wp-content/uploads/2014/08/bugzilla.png, Abgerufen am 25. September.

Abbildung 28: Bug Tracking – Bugzilla(2)
Quelle: http://www.linuxlinks.com/portal/content/reviews/Programming/Screenshot-Bugzilla.png, Abgerufen am 25. September.

Abbildung 29: Test-Management – Testlink(1)
Quelle: http://2.bp.blogspot.com/-NCUTKifhnr8/UJibf02QJAI/AAAAAAAABcs/EH7ssmXBpXk/s1600/testlink_logo_2.jpg, Abgerufen am 25. September.

Abbildung 30: Test-Management – Testlink(2)
Quelle: http://www.adictosaltrabajo.com/wp-content/uploads/tutorial-data/testLink/testLink_img_17.png, Abgerufen am 25. September.

Abbildung 31: Eclipse Mylyn(1)
Quelle: http://4.bp.blogspot.com/-gQUf57ul-2c/UGG3hiz6g4I/AAAAAAAACFw/zEqpg076XgU/s1600/mylyn2.png, Abgerufen am 25. September.

Abbildung 32: Eclipse Mylyn(2)
Quelle: http://www.devexp.eu/wp-content/uploads/2009/05/mylyn-31-screenshot.png, Abgerufen am 25. September.

Abbildung 33: Testumgebung – IBM RAD
Quelle: http://tipstricksandhacking.blogspot.de/2012/05/download-ibm-rad-000-255-study.html, Abgerufen am 25. September.

Abbildung 34: Business Process Modeling – Enterprise Architect(1)
Quelle: http://www.supero.com.br/supero/img/tecnologias/Enterprise_Architect.png, Abgerufen am 25. September.

Abbildungsverzeichnis: Quellen

Abbildung 35: Business Process Modeling – Enterprise Architect(2)
Quelle: http://www.baldenhofer.eu/images/blog/enterprise.jpg, Abgerufen am 25. September.

Abbildung 36: Security-/Password-Manager(1)
Quelle: https://www.computerverein-passau.de/wp-content/uploads/2013/10/keepass_logo.png, Abgerufen am 25. September.

Abbildung 37: Security-/Password-Manager(2)
Quelle: http://static.filehorse.com/screenshots/firewalls-and-security/keepass-screenshot-01.png, Abgerufen am 25. September.

BEI GRIN MACHT SICH IHR WISSEN BEZAHLT

- Wir veröffentlichen Ihre Hausarbeit, Bachelor- und Masterarbeit

- Ihr eigenes eBook und Buch - weltweit in allen wichtigen Shops

- Verdienen Sie an jedem Verkauf

Jetzt bei www.GRIN.com hochladen und kostenlos publizieren